DÉCOUVERTES ARCHÉOLOGIQUES

DANS LE MORBIHAN

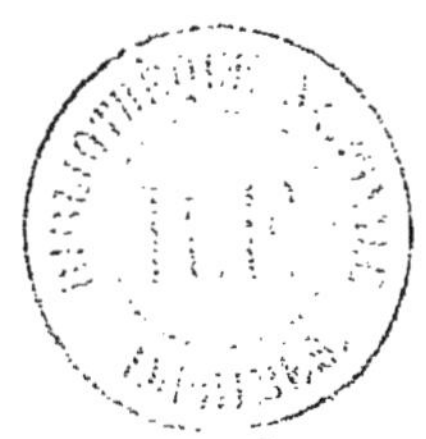

En 1884 et 1885

PAR

ERNEST RIALAN

PRIX : UN FRANC

VANNES
IMPRIMERIE ET LIBRAIRIE EUGÈNE LAFOLYE
2, Place des Lices, 2.

1885

TABLE DES COMMUNES

DECOUVERTES ARCHEOLOGIQUES

DANS LE MORBIHAN

EN 1884 ET 1885

1884 (1)

J'ai découvert, en 1884, dans les environs de Vannes, des monuments ou des vestiges antiques dont l'existence était inconnue.

Leur indication peut être utile pour l'archéologie et l'histoire de notre pays.

En Saint-Avé — A Plaisance, à l'est du champ de manœuvre et du chemin de fer, un dolmen mégalithique circulaire, avec galerie, qui a dû être recouvert d'un tumulus. Son exploration que j'ai faite avec le concours de M. l'abbé Luco, a donné, entre autres objets, un cetlæ poli en agate, un celtæ poli en silex blanc, deux petites têtes de flèche, barbelées et à ailerons, d'un fini parfait, des pierres à polir, des fragments de poterie, dont trois vases ornementés, en terre rouge, et un en terre brune avec dessins blancs, ont été partiellement reconstitués, de grands éclats de silex, un anneau en bois, deux anneaux en fer, des fragments de briques à rebord, des charbons et des pierres brûlées.

Ce monument remarquable, que nous avons ménagé avec le plus grand soin, est le seul de ce genre dans les environs de la ville, et mérite d'être visité. On peut y aller par la route de Rennes, en prenant à gauche, au pont avant Liziec, ou par le champ de manœuvre, en suivant la route qui passe sous le pont du chemin de fer.

(1) Cette première partie a été publiée dans l'*Avenir du Morbihan* du 10 janvier 1885; l'ordre en est remanié.

En Vannes. — Au Foso, à moins de deux kilom. de la ville, route de Bernard, à droite, une sépulture sous des blocs qui semblent erratiques, et que J. Miln appelle *roches moutonnées* ; terre fine préparée, fragments de poterie, éclats de silex, et un galet de la côte, celtiforme, un peu usé en biais sur un côté d'un des bouts.

A Kerblay, au N. O. de la chapelle du Rohic, nombreuses briques à rebord et pierres brûlées ; décombres et restes de murs remplis de briques à rebord, dans le chemin qui y conduit, à partir de Liziec ; fragments de briques dans les grands champs à l'est.

A Bourgerel, à l'est du Rohic et de Kerblay, quelques briques à rebord et des pierres brûlées.

A Bilaire, à 2 kilom. de la ville, route de Saint-Avé, au sud des maisons, restes de murs romains paraissant avoir formé un quadrilatère d'une centaine de mètres de côté ; quantité de briques à rebord, de ciment, de poterie très variée, dont des fragments en terre samienne ornementés, et beaucoup de pierres brûlées. Les habitants disent que ce sont les ruines d'une vieille chapelle.

Le propriétaire de ce lieu a trouvé à quelques centimètres de profondeur, dans une lande qu'il défriche, au nord de Bilaire, à gauche de la route de Saint-Avé et du chemin qui mène à la briqueterie, des fragments dont on pourra reconstituer une amphore, et, mêlés avec eux, des fragments de poterie noire grossière et de charbon, et des pierres brûlées. (1)

En Saint-Avé. — Dans le village de Mangorvenec, à l'O. N. O. de la briqueterie susdite, décombres remplis de briques à rebord et de ciment ; dans les talus et les maisons du village, quantité de pierres de petit appareil, dont beaucoup ont subi l'action d'un feu intense.

A Magouer, sur la limite N. E. de la commune, dans le chemin et le terrain vague à l'est de la petite maison, abondance de briques à rebord.

En Monterblanc. — Dans les champs au sud-est du Mangoro-de-la-Magdeleine, briques à rebord sur une grande étendue.

En Séné. — Dans l'île de Bouëd, au sud de la maison de la Métairie, pâtis dont la surface est très accidentée, et dans le sol duquel se trouvent des briques à rebord.

En Arradon. — Dans la lande de la Salette, à 150 m. sud du moulin à vent de Pont-Ster, dans le N° 193, section B. de Boloré, nombreuses briques à rebord, et décombres qui en sont remplis ainsi que de pierres brûlées.

Dans le pré contigu au nord, pierre travaillée, arrondie, renversée, en partie enfouie, dont le dégagement n'est pas achevé.

(1) Il a trouvé au même lieu, en 1885, les fragments d'une autre amphore, à 20 m. de la précédente.

A Brambouis, au N. O. de Boloré, dans le pré à l'est, derrière la maison, des talus qu'on vient de défaire, contenaient une grande quantité de briques à rebord et de couverture, et de pierres brûlées, sur une longueur de 150 mètres.

A Kerhern, à l'est du Petit-Molac, dans la lande et le bois de châtaigniers, près de la petite maison neuve dite Ti-Kerhern, et surtout dans la lande au sud nommée Park-Tor, N° 424, section B de Boloré, nombreux fragments de briques à rebords, disséminés sur et dans le sol. Pierres brûlées dans le vieux mur de l'appentis contigu au nord à la grande maison de Kerhern, et dans les murs de l'aire à battre.

A l'extérieur et tout le long des murs ouest et sud du parc du château de Kerran, voie pavée, à côtés garnis de roches debout, *(margines)*, qui paraît romaine, et conduit à l'établissement romain de Pen-er-Men.

A propos de cet établissement, il convient de constater, dans l'intérêt de la vérité historique, contrairement à l'assertion de L. Galles, que les habitants en auraient déménagé paisiblement et que sa ruine serait seulement l'effet du temps, que les pierres fortement brûlées dont on pourrait faire beaucoup de mètres cubes et qu'on voit partout dans le talus formé entièrement de pierres de ces ruines, sur une longueur d'au moins 150 m., une hauteur de plus de $1^m,20$, et une épaisseur de $1^m,30$, à l'ouest de la maison de ferme, prouvent de toute évidence, la destruction de cet établissement par le feu.

La destruction par l'incendie des établissements romains en Bretagne, est générale et la règle. Celui de Pen-er-Men n'est pas une exception ; au contraire, il est un exemple frappant de cette règle et il la confirme par le témoignage irrécusable de cette quantité de pierres brûlées que tout le monde peut voir.

En Plescop. — Au centre du village du Gusquel, grand prateau entièrement composé de décombres, dans lesquels quantité de briques à rebord et de fragments de poterie antique. Au milieu de ce prateau, chapelle dédiée à Saint-Stéfan, non signalée par Rosenzweig ; dans la façade, des briques anciennes. Tout autour du prateau, dans les talus, pierres de petit appareil, dont beaucoup sont brûlées. Briques à rebord dans un champ voisin, au sud, et dans son talus est.

En Plumergat. — Vis-à-vis la maison de Morgat, à 1/2 kilom. au-delà de Mériadec, sur le bord de la route de Sainte-Anne, à gauche, apparence de petit retranchement quadrilatère ; quelques briques à rebord.

En Ambon. — A quelque distance de Muzillac, dans un champ éloigné de l'habitation et nommé La Bretelle, des fragments de briques à rebord parsèment le sol.

En Carnac. — Au village de Bourgerel et à ses abords, « traces de brûlage, surtout des pierres brûlées, même dans les clôtures. » Il est probable qu'en cherchant un peu, on trouvera là des vestiges romains ; ces pierres brûlées appuient les autres indices.

En Sarzeau. — Dans les champs à l'ouest de Kerbot, à droite de la route, nombreux fragments de briques à rebord, morceaux de poterie antique et pierres brûlées.

En Saint-Gildas. — M. l'abbé Luco sachant par la vie de Saint-Gildas, écrite au XIe siécle, que ce solitaire, fils d'un roi du pays de Galles, et venu en Armorique au VIe siècle, avait changé en monastère un *castrum* situé « in Monte Reumuysii » en vue de la mer, a fait quelque recherche, et a trouvé des briques à rebord dans les champs contigus, du côté ouest, à l'enclos de l'abbaye de Saint-Gildas-de-Rhuys ; il en conclut que ce *castrum* était romain.

Je suis heureux de reconnaître que j'ai été aidé dans mes trouvailles sur le terrain, par M. l'abbé Luco et M. Guyot-Jomard, savants et aimables compagnons dans mes excursions à la découverte.

En résumé, un monument sépulcral important, une autre sépulture qu'on peut aussi ranger parmi celles appelées, à tort ou à raison, préhistoriques, et les vestiges de dix-huit établissements romains, au total vingt découvertes en quelques mois de l'année dernière.

Ce qui est peut-être plus intéressant encore, et a plus de valeur que ces découvertes en elles-mêmes, c'est que, à part celle du dolmen et de l'amphore, elles ont été faites directement, à point nommé et à coup sûr, d'abord « en chambre », puis sur les lieux comme contre-épreuves et résultat certain, prévu, annoncé d'avance aux amis, d'études et de données philologiques qui seront bientôt exposées dans un ouvrage complet sur cette matière.

1885

Continuant mes études philologiques et leur vérification sur le terrain, j'ai trouvé cette année, dans les environs de Vannes, en compagnie et avec le concours de M. Guyot-Jomard, des vestiges romains et d'autres monuments, inconnus jusqu'à ce jour.

Je les signale aux archéologues; j'en prends occasion pour signaler aussi, avec l'autorisation de mes compagnons d'excursions, d'autres découvertes qui leur sont personnelles.

Les noms plus explicites des lieux et leur signification, avec les conséquences, seront donnés dans l'ouvrage que j'ai annoncé. Les indications actuelles suffisent pour qu'on puisse contrôler ou explorer.

Ces vestiges de l'époque romaine sont caractérisés par des tuiles à rebords *(tegulœ)*, des tuiles creuses *(imbrices)* et les briques qui y sont associées, en plus ou moins grande quantité, par des pierres brûlées dans les mêmes lieux, et, en plusieurs endroits, par des restes de constructions plus ou moins importants.

Je les indique par communes.

En Saint-Avé. — Nous avons trouvé au nord-ouest du village de Feten-Hond, quelques fragments de briques romaines dans le talus qui sépare un landier section G, N° 38, si je ne me trompe, appartenant au sieur Daniel, de Liscouit, d'une autre lande dite Lann-Bihan.

Dans la lande voisine, dite Beg er Lann, appartenant au même sieur Daniel, on remarque une butte allongée qui paraît être un tumulus. Elle porte des traces d'un commencement de fouille qui aurait eu lieu, il y a plus de 50 ans, au dire de Jean-Marie Le Roch de Feten-Hond.

Nous avons trouvé de nombreux fragments de briques à rebords et autres dans le talus ouest d'une lande plus au nord-ouest, dite Lande du moulin à vent. Dans la partie sud-ouest de cette lande il y a des restes de murs formant un parallélogramme de 15 m. de longueur d'un côté et de 18 m. dans l'autre sens. La plupart des pierres de ces murs et de celles autour d'eux, sont fortement brûlées. On ne voit là aucune trace d'un moulin. Ces vestiges doivent être ceux d'un établissement romain. Ils sont situés à peu de distance au sud-est et en vue du camp romain dit Kastel-Kernehué, qui est assis sur un mamelon escarpé de l'autre côté du ravin profond où sont les moulins à eau de Rulliac. Il doit y avoir eu une relation entre ces deux établissements et le suivant.

A quelques centaines de mètres de cette « lande du moulin », et au nord du village de Feten-Hond, sur un grand plateau en lande, nous avons trouvé, très dispersés dans le sol, une grande quantité de fragments de briques à rebords et autres, et beaucoup de pierres brûlées. Ce lieu appartient à la veuve Guyot, de Feten-Hond ; on le nomme « Tumen ag er hoc'h coét », c'est-à-dire, ce côté-ci du vieux bois. Ce nom lui vient de ce qu'il y avait autrefois au nord de lui, un vieux bois qui a été abattu.

Dans une petite lande dite Laun er Raquer, dépendant de Coëdigo-Kerlis, (Rosenzweig écrit Kerilis), située sur une hauteur, à 250 m. environ d'une maison neuve qui borde la route de Vannes à Pontivy, à l'est de cette route, entre les petites bornes kilométriques 3k4 et 3k5, et séparée de la route par une petite lande, presque en face, à l'est, du moulin à vent de Kerbiguet, nous avons trouvé des restes de murs romains et des tas de décombres dans lesquels une fouille peut faire rencontrer des objets intéressants ; beaucoup de tuiles à rebords et de pierres brûlées parsèment le sol. Ce lieu est reconnaissable à de vieux poiriers qui y croissent ; il appartient au sieur Le Ray, François, de Coëdigo-Kerlis.

Il n'est sans doute pas d'habitant de Vannes qui n'ait remarqué la chapelle Saint-Michel qui couronne le sommet des hautes collines dont l'amphithéâtre s'étage derrière la ville et ferme au nord son horizon Ses lignes à arêtes vives et élégantes tranchent sur le ciel et forment, près d'un bouquet de sapins, un joli détail dans le fond du tableau. Mais la plupart des Vannetais se sont probablement contentés de l'admirer de loin, et bien peu ont pris la peine de monter jusqu'à elle. Pour me décider et engager mon compagnon habituel, M. Guyot-Jomard, à faire avec moi cette ascension, il ne fallait rien moins que notre commun désir de savoir si jusque sur ces hauteurs, comme à Mangolérian, les Romains n'avaient pas posé un camp, et si la chapelle ne se dressait pas sur les ruines d'une de leurs demeures. L'été et par un beau temps, la montée ne manque pas de charme ; les campagnes à mi-côte sont accidentées, riantes, couvertes de bois feuillus et de moissons dorées. A mesure que l'on s'élève, le paysage s'étend, et le plaisir de la vue fait oublier la fatigue. Du faîte des collines et du pied de la chapelle, on a sous les yeux un panorama splendide. Dans des lointains qui s'échelonnent, les uns en pleine lumière, les autres noyés dans la pénombre, on domine d'un côté les hauteurs de Mangolérian avec leur chapelle aussi, de l'autre côté le clocher de Sainte-Anne, devant soi, en demi-cercle, jusqu'à perte de vue, les côteaux, la vallée, les édifices de la plaine de Lézellec, Saint-Avé, Vannes, les monuments nouveaux qui l'embellissent et l'honorent, et qui se détachent sur la vieille cité, Theix, Noyalo, Séné, tout le golfe dont les eaux miroitent au soleil, et, par delà le Mor-bihan, Sarzeau, Saint-Gildas, la terre d'Arzon, qui encadrent d'une bordure estompée notre petite mer et ses îles.

Ce beau spectacle dans un air lumineux et limpide, n'a pas été notre seul plaisir. La chapelle Saint-Michel est assise sur les vestiges d'une habitation romaine dont on a nivelé le sol. Autour d'elle, des accidents de terrain sont formés de décombres antiques, dans lesquels nous avons relevé de grands fragments de tuiles avec rebord, de tuiles de recouvrement, de briques de la même époque. On voit aussi de ces fragments dans les talus en pierres et en terre, principalement dans celui du Sud, qui enferment le grand enclos dans la partie nord duquel la chapelle est construite — Selon une observation fort juste de M. Guyot-Jomard, on peut exporter d'un tel lieu des briques romaines ; on n'y en importe pas. — Notre curiosité d'archéologue et mes inductions ont donc trouvé même sur ce point élevé, toute la satisfaction qu'elles désiraient.

Nous n'avons aperçu en ces lieux aucune trace de retranchement.

Sur la lande, à moins de 200 m. au sud de la chapelle, une butte ronde et surbaissée a l'apparence d'être un tumulus intact.

En Saint-Nolff. — Au village de Lambouisse, dans sa partie la plus au nord-est, dans le jardin et la pâture contigus, Nos 297, 298, section D, situés au nord et derrière la maison du sieur Luel et y attenant, nous avons trouvé une très grande quantité de tuiles à rebord, de tuiles de recouvrement, de briques et de pierres de petit appareil, et dans le coin nord-est du No 297, des restes d'un mur qui paraît romain. Des briques antiques se voient dans les talus et les murs des constructions qui dépendent de la ferme.

Une tuile antique ayant un grand rebord, a été employée dans le pignon est d'une petite maison isolée qui est séparée du village de Lambouisse par un chemin, et se trouve entre ce village et Trébrat.

Il y a eu à Lambouisse une construction romaine importante.

On trouve aussi quelques fragments de briques antiques dans le champ dit de Lissauce, au nord-ouest de la petite maison nommée Mangouério, située à environ 300 m. au nord-ouest de Lambouisse, et appartenant à un sieur Guyodo.

A Keravel, au sud-ouest de la maison de ferme, dans le champ contigu, du côté ouest, au pré dit « Le Dorven », et dans le chemin qui y conduit, quelques briques romaines et pierres brûlées. Les récoltes sur pied ont empêché une investigation plus étendue.

Un lec'h bas, arrondi, identique, d'après la description qui nous en a été faite, à celui qui est près de la chapelle Saint-Colombier en Saint-Nolff, se trouvait au milieu du « Dorven » en lande il y a 20 ans ; le propriétaire l'a enlevé lorsqu'il défricha le terrain, et n'a rien remarqué à sa base.

Au Bézit, et non pas *Bezic*, comme les cartes de l'Etat-Major et le cadastre écrivent à tort, à l'ouest du village et d'un pâtis sous genêts, dans le haut, qu'on défriche en ce moment, d'une pâture dite « Er Berli », quantité de tuiles à rebord et de briques, fragments de vases antiques divers, dont un en terre samienne, et abondance de pierres brûlées.

Dans le chemin charretier qui va du Bézit à Kerhuil, quelques briques romaines et des pierres brûlées qui proviennent sans doute des champs actuellement sous récoltes, au milieu desquels passe ce chemin non bordé de talus en cet endroit.

Au sud de la maison située sur la crête au nord-est du village du Pech, et du Raquer, dans le bas, côté Est, du champ dit Le Grand Clos, briques avec rebord et pierres brûlées. Ce champ est en Elven.

Dans la partie nord de ce champ, au bord du chemin qui y entre, à l'extrémité est d'un petit mamelon inculte, se trouvent deux pierres coniques bien travaillées, dites, à tort ou à raison, « bornes de paroisses ». La plus grosse est fichée en terre; l'autre, près d'elle, couchée sur le sol, paraît avoir été apportée là du voisinage, nul ne sait quand. Une petite cuvette ronde est creusée au centre du sommet de chacune. Une autre pierre semblable se trouve un peu au nord dans un talus.

Il y a au Bézit, au Pech, à Kerboulard surtout, des restes d'anciennes grandes demeures seigneuriales.

Toute cette contrée, quoique très accidentée et d'un accès difficile, est remplie de vestiges de l'occupation romaine. On y connaissait déjà, à St-Colombier, des ruines qui attestent des constructions importantes; près du bourg un retranchement; un autre à Kerboulard; près du moulin à eau du Petit-Luhan, « *Er Fordeu* », « les chemins, les passages » et non pas « les forts », ainsi qu'on traduit à tort ce nom qui ne serait pas breton s'il avait ce sens. La position de ce retranchement, sur un point élevé dont les pentes sont très roides, montre que sa destination était de défendre le passage en cet endroit du cours d'eau et des marécages qui sont dans la vallée.

Cayot-Délandre relève, p. 261, ce qu'il croit être une erreur de l'abbé Mahé qui, dit-il, a décrit ce retranchement comme un tumulus. Il semble qu'il y ait là quelque confusion. Nous avons vu sur la colline, derrière et plus haut que le moulin, un cône énorme couvert de grands arbres, dans la partie nord duquel il existe une grande excavation faite de main d'homme; son côté ouest a été récemment coupé verticalement et les terres en ont été rejetées dans un bas-fond qu'on met en culture. Cela concorde avec la description de l'abbé Mahé, p. 140. M. Létourmy, ancien agent-voyer, m'assure que ce cône est un grand tumulus fouillé partiellement par MM. Marestier fils et Louis Galles, et construit sur ce côté d'un parapet qui entourait un retranchement comprenant environ un hectare et formant une parcelle spéciale au cadastre. Ce grand retranchement avait des douves et des parapets presque aussi considérables que ceux du camp de Kerboulard. Ces levées de terre ont été défaites et les douves comblées plus ou moins par la culture, depuis une vingtaine d'années. Ce retranchement placé au sommet de la pointe d'un contrefort au pied duquel deux vallées se rencontrent, les dominait toutes deux. Autrefois toute la grande vallée qui est au bas, n'était qu'un marécage inaccessible, comme ceux de Plaisance à Lisiec, et ceux de Beauregard récemment asséchés. Il devait en être de même de la vallée à Kerboulard; ce nom le dit assez. La voie romaine de Vannes vers Rennes passe à peu de distance de « Er Fordeu ».

Je suis convaincu qu'il reste encore des trouvailles à faire dans cette commune qui était traversée par deux voies romaines. Tout notre pays a été beaucoup plus occupé et habité par les Romains qu'on ne l'a pensé jusqu'à présent. Les indications que je donne dans un rayon assez limité, le prouvent. Cela doit encourager des recherches.

En Plaudren. — MM. l'abbé Luco, Guyot-Jomard et moi, avons reconnu un camp romain en forme de trapèze, dans une grande lande récemment semée en pins, située à l'ouest du château du Nédo, et bordant à l'est la route de Vannes à Saint-Jean-Brévelay. Longueur de son côté nord, 60 m.; du côté sud 45 m.; du côté est 25 m; du côté ouest 45 m.; angles arrondis ; fossés et parapets en terre ; à l'intérieur, dans la partie est, vestiges de deux constructions rectangulaires dans lesquels, ainsi que dans le reste du camp, on trouve une grande quantité de fragments de briques à rebord, qui ont dû être tirés du sol par les ouvriers qui ont fait le semis.

En Saint-Jean-Brévelay. — MM. Guyot-Jomard, l'abbé Luco et moi, avons trouvé des fragments de briques qui nous ont paru romaines à Kerhervy, dans le champ du Gosquer. Ce champ est au bas de Donnau, vers le midi du bois et sur un lieu élevé.

Nous avons relevé dans le chemin charretier, près de Kernapily, (Rosenzweig écrit Kermapili), plusieurs fragments de briques qui paraissaient également antiques, et d'autres fragments semblables dans un champ au-delà du pré qui est au nord de la maison.

M. Luco a trouvé, à l'ouest de la route de Vannes à St-Jean-Brévelay, et à mi-distance entre cette route et le grand menhir marqué sur les cartes, dans une clairière d'un bois de sapins, au nord d'un chemin dit « des potiers », non loin du Coléo, à 2 kilom. environ au sud-ouest du Moustoir, une butte écrêtée qui renferme un dolmen circulaire ruiné ; les tables de recouvrement ont disparu ; les supports, presque tous en place, sont enfouis dans les restes du tumulus. L'intérieur est rempli de terre ; il ne parait pas que ce monument ait été fouillé.

J'ai remarqué, sur la lande rase, à peu de distance à l'est du grand menhir sus-indiqué, au bord et du côté nord du chemin qui y conduit de la grande route, une butte peu élevée, arrondie, d'un grand diamètre, qui semble artificielle, et peut être un tumulus.

En Plouharnel. — La chapelle St-Antoine, section B de Kergazec, N° 615, est probablement construite sur des ruines romaines dont les restes sont masqués par le gazon, ou ont disparu presque en totalité à la longue. En tout cas, il y a eu non loin d'elle un établissement romain. MM. Wilson, Fornier, Gaillard et moi, avons relevé plusieurs fragments de tuiles avec rebord, de tuiles de recouvrement, et de briques de même provenance, dans le sol du petit terrain vague N° 616 qui entoure cette chapelle, et dans la partie nord-est du champ N° 651 contigu du côté sud à ce terrain. Nous avons aussi constaté la présence de pierres brûlées et de quelques fragments de briques dans les clôtures des champs, près de la chapelle. Les champs ou parcelles voisines de la chapelle se nomment au cadastre : N°s 617 à 634 Tenne prat enyer, et N°s 642 à 647 Prad enyer.

En Séné. — La chapelle Saint-Laurent, au village du même nom, près de la route de Nantes, est bâtie sur l'emplacement d'une habitation romaine. Tout près d'elle, se trouve un petit terrain surélevé de tous côtés, de forme triangulaire, dont la partie ouest est arrondie, long de 30 m. du nord au sud, et de 35 m de l'est à l'ouest, partie en pâture, verger et culture. Son côté nord, près d'un champ, présente l'apparence de restes d'un mur. Il est probable que ce terrain est composé de décombres de l'habitation antique. Nous avons relevé plusieurs fragments de tuiles avec rebord dans la partie cultivée de ce terrain, d'autres dans le champ qui lui est contigu au nord, d'autres près du mur nord de la chapelle et dans divers endroits du sol de l'aire à battre qui la joint du côté nord. Les murs nord et ouest de cette aire à battre contiennent des pierres de petit appareil dont un certain nombre disséminées parmi les autres portent l'empreinte non équivoque de l'action du feu. On remarque quelques briques dans le sol du chemin à l'est, près de la chapelle, qui conduit à la grande route.

Le mur d'enclos de l'habitation bourgeoise dite Saint-Laurent, touche au village. Il y avait là, en 1456, un château nommé Lestrenic Ce nom pour ce lieu a sa valeur C'était, semble-t-il, le nom ancien de l'endroit ; le village a pris depuis son nom de celui du saint auquel la chapelle est dédiée. Nous avons pu nous convaincre, en entrant dans la chapelle, que la coutume dont parle l'abbé Mahé, *Essai sur les Antiquités du Morbihan*, p. 419 et 497, d'offrir à Saint Laurent des clous en nature, de vrais clous, au lieu de pièces de monnaie, achetés et donnés *sans compter*, prétend-on, pour bien témoigner de la libéralité des donateurs, et qui sont ensuite vendus au profit de la chapelle, que cette ancienne coutume, dis-je, est toujours en vigueur. Dans la chapelle latérale à gauche de la nef, on voit, à droite de l'autel, une tablette sur laquelle sont posés, chacun dans son morceau de papier ouvert, tel qu'on l'a reçu du marchand, feuilles de vieux livres et de cahiers d'écoliers, une vingtaine de petits lots de clous, clous de souliers et de sabots, et pointes de tous genres, de taille petite ou moyenne, tous frais neufs sortant de la boutique, et sans qu'il y ait mélange d'espèces dans un même lot ; chaque paquet peut bien valoir un sou ou deux, quelques-uns trois au plus ; sur l'autel une assiette, dans laquelle deux petits sous, chacun près d'un bord, attendent tranquillement des compagnons ; dans le mur, près de la tablette aux offrandes de clous brillants neufs, une niche dans laquelle sont rejetés pêle-mêle des clous ternes rouillés qui n'ont pas trouvé acquéreur. On offre ainsi à Saint Laurent des clous en fer pour qu'il vous délivre de *clous* en chair ou furoncles. A en juger par tous les petits paquets que nous avons vus sur la planche, les *clous* du domaine de la médecine, sont plus nombreux et plus variés qu'on ne penserait, et Saint Laurent ne manque pas de clients dans notre pays.

Sur le plateau où était la chapelle d'Ozon (et non pas Ozan, ainsi que le catalogue de 1856 l'écrit à tort), restes de murs d'une construction romaine, formant un parallélogramme, long de 69 pas dans un sens, et de 28 pas dans l'autre. Un vieil ormeau est dans le coin ouest. En dehors de ce coin, ruines d'une construction moderne, de la chapelle probablement, dans lesquelles il y a des briques anciennes. Toute l'aire du grand parallélogramme est un fond de roche qui émerge. Briques à rebord et autres, et pierres brûlées, dans la clôture en pierres du champ au nord-est, aussi dans la partie en lande au haut du champ à l'est, et dans plusieurs pièces voisines. — Plus aucune trace des quatre dolmens qu'on dit avoir existé en ce lieu.

M. Guyot-Jomard a découvert, il y a 4 ou 5 ans, sur le plateau dit Le Méneic, aujourd'hui carrière, à l'est de Bellevue, sur le bord, côté sud, de la route qui mène à l'Angle, des briques à rebord et autres, et des pierres brûlées. Nous en avons trouvé aussi dans les talus et le haut du champ qui est au sud et au sud-est du Méneic.

En Noyalo. — Au hameau de Cléguer, que les habitants nomment Cliguer, et aussi Er Gigler, dans le pré contigu, au sud-est, à la maison du sieur Pérodo, beaucoup de fragments de briques antiques. Les habitants disent qu'il y avait anciennement une vieille chapelle dans le jardin, au sud de cette maison. Le propriétaire étant absent, et la maison fermée, nous n'avons pu pénétrer dans ce jardin. On a employé un bon nombre de briques romaines dans le mur est d'une maison située à l'est. Dans la cour ou rue entre les deux maisons de ferme, grand nombre de briques à rebord. Il y a des fragments de briques de même provenance dans le champ *Tré-Er*, au bord de la mer, au nord-ouest des maisons.

Le champ Mésaperche, au nord-est des maisons, et son talus sud, à l'entrée et près la barrière, sont remplis d'une quantité de tuiles à rebord et de briques, et de pierres brûlées ; on voit là, en plusieurs endroits, des murs romains en ruine.

Dans la cour, près du puits, se trouve une grosse pierre, couchée, à quatre faces, en forme d'obélisque, taillée d'un côté, longue de $2^{m},10$, épaisse de $0^{m},70$; sa base, non travaillée, porte des traces d'enfouissement, et a 90 c^{es} de côté ; son sommet en a 30. Creusée dans sa partie centrale, elle sert d'auge. Nous n'y avons pas remarqué d'inscription, mais nous n'avons pu examiner le côté qui porte à terre.

De grandes clôtures près des maisons contiennent beaucoup de pierres de petit appareil, dont un grand nombre sont brûlées.

Au village de Bourgerel, nous avons trouvé des fragments de briques à rebord dans le champ dit Toul-Ezan, dans celui dit Douar-Vras, et dans le petit champ dit Lonehué, dépendances de ce village, qui bordent à l'est et à l'ouest la grande route de Vannes à Sarzeau. Tous les cultivateurs de ces terres disent y avoir vu souvent, en les travaillant, des fragments de briques.

Il y a une brique romaine employée dans le pignon est de la loge dépendant de la maison la plus au nord du village.

Bourgerel est à environ 250 m. de Cléguer.

Nombreux petits fragments de briques antiques dans le clos de Vigne, nommé Grajodic, qui est au nord-est de la vasière des marais salants situés à l'est du Kastel. — S'il y a eu un *Kastel* dans ce dernier lieu, il n'en reste plus de trace.

Grands fragments avec rebord dans la lande contiguë, au nord, à la Vigne susdite.

En Le Hézo. — Nous avons recueilli quelques fragments de tuiles antiques dans la lande de Kerfontaine, et d'autres fragments semblables dans la partie est et sur le versant ouest du champ « En ód », dépendance de ce village.

A environ 300 ou 400 m. au nord-est du bourg du Hézo, il se trouve dans un champ une grande butte longue, artificielle, à quatre côtés droits, autour de laquelle il y a des fragments de tuiles à rebord. A 30 ou 40 m. au nord-est de cette butte, un landier rocheux nommé La Garenne, près de la mer, est rempli de tuiles à rebord et de briques de toute sorte ; on y voit des accidents de terrain qui sont formés de tas de décombres et de longs vestiges de murs. Dans sa partie nord, rongée par la mer, il existe un reste de mur ayant un cordon horizontal en briques.

Toute la côte, sur une longueur de plus de cent pas, à partir de cet endroit, et en allant vers l'ouest, est couverte de débris de tuiles et briques romaines ; les clôtures des champs sont remplies de pierres de petit appareil, dont beaucoup sont brûlées, surtout au nord d'une pièce de terre sous vigne. Cette vigne contient aussi de nombreux fragments de tuiles et de briques.

Dans cette partie de la falaise, on voit sur une grande longueur, entre deux terres, des restes de mur romain.

Dans le champ au sud de la vigne susdite, à environ 300 m du bourg, se trouvent, sur une grande étendue, des murs romains entiers, et une quantité considérable de pierres de petit appareil en monceaux, formant des clôtures et des décombres. J'y ai recueilli un grand fragment de vase en terre samienne, ornementé de figures en relief.

Il y a eu en cet endroit un établissement des plus importants, et il mériterait une exploration sérieuse.

Les habitants nomment les champs où sont ces vestiges Le Fo ou Le Fau ; au cadastre, toute cette pointe entourée par la mer, au nord du bourg. est nommée Er Faude, section A, N°s 1 à 200. Les habitants appellent le Bodo, le champ qui est contigu au sud ; au cadastre, les champs au sud-sud-ouest de Er-Faude, sont nommés Moten Botgal, section A, N°s 200 à 304, ce qui semble indiquer que la butte sus-désignée y est située.

A l'ouest d'un petit champ dit le Bodo, sur un terrain vague qui borde la mer, on voit, sur une grande longueur, au ras du sol, des restes de murs romains, dirigés les uns nord-sud, les autres à peu près est-ouest Dans la coupe verticale de ce terrain, à l'ouest, au ras de la côte, il y a un pan de mur romain d'une certaine hauteur, en ciment et pierres de petit appareil, et en si parfait état qu'on le dirait tout neuf. On n'y voit pas de crépi ; s'il y en a eu jadis, il a disparu.

Il paraîtrait que ces derniers vestiges ont été mis à découvert par un raz de marée qui a inondé notre littoral il y a 3 ou 4 ans. Les ruines sur le rivage de la Garenne témoignent de l'envahissement de la mer dans notre contrée.

Je savais, comme tout le monde qui s'occupe de ces choses, qu'Ogée, nouvelle édition, 1843, 1.354, dit : « On a découvert il y a quelques années, dans une vigne de la commune du Hézo, une mosaïque que l'on a attribuée fort à tort sans doute à un ancien couvent de Templiers, car rien n'apprend qu'il y en ait eu un dans ce lieu » ;

Que le catalogue des monuments historiques du Morbihan, fait par la Société archéologique en 1856, mentionne : « Au bourg du Hézo, débris d'une mosaïque et tuiles romaines. La Mosaïque est au musée de Vannes ; » et, « à Noyalo, débris romains derrière une vieille chapelle », qui vient d'être remplacée par une école ;

Que M. Croizer a reconnu que la voie romaine de Vannes à Port-Navalo passait par les villages de Bourgerel et de l'Isle, (Rosenzweig écrit Lile) en Noyalo, et près du hameau de Kerfontaine, commune du Hézo.

C'était là, si je ne me trompe, ce à quoi se réduisait tout ce que l'on connaissait de romain en Noyalo, à Bourgerel, Kerfontaine et au Hézo, et tout ce qu'on en avait dit. On pourra désormais y ajouter les indications que je donne et qui résultent de prévisions que la vérification sur le terrain a justifiées de même que les autres.

En Sarzeau. — Nous avons trouvé de nombreux et grands fragments de briques avec rebord et autres, au Palais, dans les clôtures en pierres qui longent la grande route récente, et dans la vigne au sud des maisons de ferme. Il y a eu évidemment en ce lieu une habitation romaine.

Nous avons reconnu dans un champ dépendant de Bellevue, à l'est du Palais, un beau tumulus à demi exploré, seulement dans sa partie supérieure centrale. J'ignore si c'est le même que celui mentionné par M. A. de Francheville, (Ogée, nouv. éd. v° Sarzeau, 2.887), en ces termes : « Dans le champ nommé Clos-er-Motten, près du village de Bellevue, se trouvent les restes d'un barow de petite dimension » — Il nous a semblé qu'il reste encore une fouille probablement fructueuse à faire dans le tumulus que j'indique.

J'ai recueilli un fragment de brique romaine dans le sol d'un terrain vague à l'ouest de la maison du Coh-Porh.

Le Catalogue susdit de 1856 mentionne un menhir au nord du Palais, et un menhir entre Le Palais et Le Coh-Porh. C'est peut-être l'un d'eux que nous avons vu dans le champ du Pratello, à l'ouest de la maison du Coh-Porh ; celui-ci est énorme, et comparable pour ses dimensions aux plus beaux de Carnac et d'Erdeven ; il est en quartz blanc rougeâtre. Il n'apparaît pas que sa base ait été fouillée.

En l'Ile aux Moines. — Au bourg même, dans la partie dite Locmiquel, dans les clôtures en pierres sèches du champ derrière et au nord de la chapelle neuve située sur la grande route, et dans les champs environnants au nord, ouest et est, et leurs clôtures, j'ai trouvé, ainsi que je m'y attendais, d'assez nombreux morceaux, dont plusieurs grands, de tuiles à rebords et de briques antiques, et même un fragment d'anse d'amphore. Personne n'y avait jamais fait attention et ne se doutait de leur origine. Ils prouvent que là aussi les conquérants avaient établi une de leurs demeures. Il se pourrait que des briques qu'on voit sur une certaine longueur dans le sol d'une ruelle près de la chapelle et perpendiculaire à la route, du côté est, fussent des restes d'un mur ou de décombres romains.

A Kergonan, dans tout un grand district, au sud-ouest du Cromlech, nous avons trouvé dans les champs, dans les tas de pierres de rebut de ces champs, et dans les clôtures en pierres sèches, des fragments, dont plusieurs assez grands, de tuiles à rebord et de briques romaines. Plusieurs grandes clôtures en pierres sèches des champs qui sont au centre de ce district, sont remplies de moellons qui ont évidemment subi l'action d'un feu très violent. Nul doute, pour plusieurs raisons dans lesquelles je ne puis entrer ici, qu'il n'y ait eu là un incendie très intense. Le nom de ce lieu qui occupe un assez grand espace, N°s 450 à 452, et 475 à 484, section C, est L'Eternité. Il paraît bizarre, mais il ne l'est pas tant qu'il en a l'air ; il est même remarquable, et on ne s'en étonne plus quand on en a pénétré le sens.

J'ai retrouvé, non sans recherche, un mégalithe dont je soupçonnais l'existence, près du Cromlech de Kergonan. Une maison, N° 433, section C, appartenant à M. Jean Béven et habitée par lui et sa famille, est située à 32 m. au sud-ouest du côté nord-ouest du Cromlech. Le sol d'une partie de cette maison est formé par une grande pierre qui a une histoire, et qui mérite de l'avoir. M. Jean Béven, né en 1804, âgé aujourd'hui de 81 ans, me l'a dite chez lui, en présence de M. Guyot-Jomard et de plusieurs habitants de l'île ses voisins. La voici dans sa partie essentielle pour le but que je me propose présentement : « Cette maison a été construite par son père en 1810. Lui avait alors six ans. Il a entendu souvent dire par ses parents que la pierre *était debout* ; on fit un trou pour l'enfouir sur place, et on la maintint par une épontille (étai). La grande route qui est à présent un peu plus au sud-est, passait alors au ras de cette pierre. Un passant abattit l'épontille, et la pierre tomba dans le trou, « sur camp », non à plat. On l'y laissa et elle forma une partie du sol de la maison ; le reste de l'aire est en terre. Cette pierre est connue des anciens de la contrée, et a son nom propre traditionnel. ».

Ce récit nous a été confirmé par plusieurs personnes présentes.

On m'avait dit précédemment que le mur nord de la maison était à cheval sur cette pierre dont l'extrémité se prolongeait au dehors. J'ai pratiqué à l'extérieur qui est un peu surélevé, un sondage de 15 à 20 c^{es}, et un sondage moindre à l'intérieur, et n'ai rien trouvé qui me fasse penser que la pierre dépasse la maison. Je crois qu'elle est tout entière dans l'intérieur des murs. On marche dessus. Cette pierre, selon que j'ai pu la mesurer, a 2 m. 25 de longueur ; à 1 m. 15 de son sommet, qui est pointu, elle a 90 c^{es} de largeur ; elle paraît plus large à son autre extrémité, mais la terre qui la couvre en partie, et un meuble, m'ont empêché d'en prendre la dimension. Elle se trouve à environ 36 m. au sud-ouest de la partie nord-ouest du cromlech. Ce bloc massif n'a certainement pas été tiré du cromlech et traîné là ; il y a lieu de s'étonner qu'on ne l'ait pas brisé pour en faire des moëllons. *Il était debout* ; c'était, peut-être, *le menhir de témoignage du cromlech.*

En tout cas, c'était certainement un monument funéraire et le souvenir modeste mais durable d'une pieuse affliction, auprès du mémorial grandiose de la mort.

Ce menhir qui, à des titres divers, est des plus intéressants, était complètement ignoré des archéologues. Aucun, que je sache, n'en a parlé. Il serait très regrettable qu'il fût détruit, et j'ai engagé les propriétaires de la maison qui l'abrite, à le conserver comme un monument de la piété de leurs ancêtres envers leurs morts illustres.

Nous avons constaté que plusieurs des grandes fichades du cromlech sont en pierre du pays. Des carriers disent qu'ils ne trouvent pas de si grands blocs dans les carrières actuelles de l'île.

A l'est du village de la Croix de Kernó, et de la maison dite Près de la Croix, sur la pente est de Tor Gabillet, nom général de tout le district de la route à la côte, n°s 1 à 86, section D, dans un champ nommé Pen en aud, appartenant présentement à M. Danet, et ayant à M. Petit, et dans les talus séparatifs de ce champ, n°s 1, 2, et des champs supérieurs n°s 16, 20, 24, 25, il existe une grande quantité de briques à rebord. Ces talus et la partie ouest contiguë du talus sud, sont formés de restes de constructions romaines ; ce lieu est plein de décombres ; on trouve des fragments à rebord et autres, dans les parcelles voisines plus élevées, au sud et à l'ouest ; on a rejeté de là sur le rivage est, beaucoup de ces tuiles antiques ; on en retrouve une grande partie au bas du champ d'Anaïs, au sud de Pen en aud.

Ce lieu, où il y a eu un établissement romain dont les ruines indiquent l'importance, est à environ 500 m. au sud-est de l'autre établissement qui était près de Kergonan.

Le dolmen en partie ruiné, compris plutôt qu'enfoui dans un talus en pierres sèches, à l'ouest de la croix de pierre qui est à l'entrée du village de la Croix de Kerno, (Bull. Soc polym. 2e sem. 1877, p. 92), et à l'ouest de Kergrahiec (Catal. 1856), est précédé d'une belle galerie orientée nord-sud, et englobée dans le talus. Elle est très apparente. Son entrée est au sud-sud-ouest. L'existence de cette galerie paraît avoir échappé aux précédents observateurs, et n'a pas été signalée. La chambre de ce dolmen a été à peine explorée ; sa galerie ne l'a sans doute jamais été, à moins que ce ne soit par des chercheurs de trésors, avant la confection du talus qui l'englobe et qui semble ancien.

L'orientation de cette galerie infirme la prétendue grande loi d'orientation des dolmens, selon laquelle ils auraient tous leur galerie et ouverture à l'est. Il y a en effet si peu une loi à cet égard, que les deux allées couvertes de Keryaval, en Carnac, reliées par une troisième qui leur est perpendiculaire et communique avec l'une d'elles, sont orientées sud-sud-est et nord-nord-ouest.

Dans le pays on appelle ce dolmen Mein en Nozegian (g dur), pierres des êtres de nuit ; on se fait de ces êtres une idée qui tient du loup-garou et d'esprits malfaisants, et qu'on ne peut pas bien préciser. On les redoute fort.

Ce dolmen est dans le talus ouest du second champ à l'ouest de la route, compris dans le district nommé au cadastre Er Hloesteux, section D, n°s 102, 103. Hloesteu est évidemment une faute pour Hloestreu dont on a oublié le *r*. Sur les lieux, la plupart des habitants disent le Holestreu ou Er Holestreu, quelques-uns disent simplement le champ Lestreu, d'autres, en petit nombre, disent Er Hloestreu. On ne voit dans ces lieux aucun vestige d'un monastère, et la tradition des habitants n'en place aucun en cet endroit.

Nous avons constaté la présence d'un certain nombre de fragments de tuiles à rebord et autres disséminés, dans le sol du champ à l'ouest et de la lande à l'est, séparés par le talus dans lequel ce dolmen et sa galerie sont engagés.

MM. le capitaine Béven et Cario, Louis André, de Kernaud, ont eu l'obligeance, dont je les remercie, de me piloter dans les environs qu'ils connaissent bien du lieu de leur demeure. Ils m'ont montré dans la partie ouest d'une lande comprise dans le grand canton dit de Sperneguy, section D, de Kernaud, n°s 605 à 629 et 635 à 655, une sorte de reste d'un long mur ou clôture, allant nord-sud, au milieu duquel se trouve debout une roche énorme, aplatie, perpendiculaire à lui et le dépassant de beaucoup de chaque côté. Dans la contrée on croit qu'il y a eu en ces lieux un monastère, et on montre à peu de distance, sur le versant est de *Tor er né*, nos 674 à 681, au sommet duquel sont un dolmen à galerie jadis sous tumulus et deux grandes pierres tumulaires détachées dites Roh-Vras, on montre, dis-je, la place où aurait été au rapport des anciens, le puits aujourd'hui comblé.

Dans le grand champ Nos 656 à 664, nommé Kervégueu, au sud-ouest de la lande susdite, M. Cario a défait, il y a 15 ans, un très long et grand talus en terre, dans lequel il a trouvé, dit-il, une grande quantité de briques très anciennes, dont on voit encore çà et là des fragments, et de très petites pièces de monnaie, de la dimension d'un centime, dont on trouve quelques-unes presque à chaque labour. Il a rejeté sur la terre ces pièces sans valeur pour lui, et sur le rivage ces briques gênantes ; un bateau de l'Ile-d'Arz a chargé les briques avec des pierres et du sable pour faire un remblai. Là, dit-on, était le couvent. Le sol en cet endroit est mamelonné comme par des décombres et des restes de mur ; il y a eu là jadis une habitation. N'y ayant rencontré aucun fragment de tuile avec le rebord caractéristique, je ne puis affirmer qu'elle ait été de l'époque romaine. Cependant les grands fragments de briques épaisses que j'y ai recueillis et qui paraissent identiques à ceux que j'ai vus ailleurs dans nos environs, employés à former des cordons horizontaux dans des murs romains, me font incliner à penser qu'ils sont également de cette époque. Un monastère eut laissé là de tout autres vestiges.

Le nom de Kervégueu étant susceptible de deux sens presque opposés, et prêtant ainsi à une équivoque, ne décide pas absolument de l'attribution de cet établissement aux Romains ou aux Templiers, mais il est loin de la contrarier.

Les clôtures de Tor er né, pièce voisine, sont en grosses pierres sèches qui paraissent à parements et travaillées ; beaucoup de ces pierres sont rouges comme si elles avaient subi l'action du feu.

Selon une tradition courante dans l'île, il y aurait eu des Moines rouges, (Templiers), au Pargo, Nos 661 à 664 et autres, canton dans lequel Kervégueu est compris, et qui touche au Sperneguy.

On conserve aussi la tradition d'une vieille chapelle à Kerquecu ou Kercucu, section C, Nos 701, 705 à 709, 724, où l'on prétend avoir vu une quantité de briques anciennes. Nous n'y en avons trouvé, près de la fontaine, que des fragments qui ne sauraient être décisifs ; mais les récoltes sur pied entravent une exploration dans les champs. Non loin de Kerquecu, au sud, est « Er Mersir, le martyr, » section D, Nos 327, 328.

Il est probable que s'il y avait eu un monastère à l'Ile aux Moines, on en aurait trouvé dans des archives quelque trace qui n'a pas encore été exhumée. On sait du reste que plusieurs établissements de Templiers se sont assis sur des ruines romaines, ainsi qu'on le voyait encore il y a quelques années à Saint-Jacques, en Sarzeau, et qu'on peut encore de nos jours le voir à Saint-Guérin, en Damgan ; on constate aussi que la tradition populaire a souvent confondu les « Moines rouges » avec les Romains.

M. le Dr Mauricet a signalé, à la séance du 28 juillet 1881, de la Société polymathique, la découverte faite par M. le capitaine Béven, de Kernaud, dans la falaise, au bas du Rudel, sur la côte ouest de l'Ile-aux-Moines, et en face de l'île Creizic, d'un grand vase ou espèce de four à potier, très singulier. Je ne puis reproduire ici toute la partie du procès-verbal de cette séance, relative à cet objet et à son contenu. Les personnes que cela intéressera spécialement pourront s'y reporter. Mais je crois devoir, dans un intérêt purement scientifique, compléter et peut-être rectifier, d'après les déclarations et explications que MM. Béven lui-même, et Cario, m'ont fournies sur les lieux, les indications antérieures et leurs conséquences.

Le vase, ou objet en forme de vase, avait 1^m60 de diamètre, 55^c de hauteur et une épaisseur de 12 millim. seulement. Le fond était bombé. On aurait dit d'une chaudière à lessive, avec cette seule différence qu'il était ovale. Il était entier. On l'a cassé en le tirant; M. Béven en a apporté à la Société tous les fragments. La terre qui le formait était grise, calcinée, et dure comme du silex, au point de n'être pas attaquée par un couteau. Tout autour et au-dessous de lui, il y avait une couche, épaisse de 1 $1/2^c$, d'un enduit ou mastic gris-bleuâtre, malléable, et plus humide que le sol environnant dans lequel le tout était contenu. Ce vase était enfoui à environ 1^m70 sous le sol superficiel de la falaise du Rudel, et à plusieurs mètres au-dessus du rivage. Il avait l'ouverture en haut, et il se présentait en hauteur perpendiculairement à l'horizon. Il se trouvait placé sur le point de séparation de la terre noire végétale et de la terre jaune sous-sol, son fond légèrement pris dans celle-ci. Il était rempli de terre, de corps plus ou moins cylindriques, creux, paraissant être calcaires, et de pierres plates de plus d'un pied de diamètre, ayant subi l'action du feu. Il ne contenait aucune trace de bois, charbon, cendre, pernettes, ou poterie. Sous lui et à côté de lui, aucune apparence, aucune trace de feu ni de foyer. M. Béven qui l'a dégagé et extrait par fragments, est convaincu que c'était bien plutôt une sorte de vase qu'un four proprement dit à demeure.

La mer a beaucoup entamé cette falaise et l'entame davantage tous les jours. Il y a 20 ans, on voyait à son pied, sur le rivage, une grande quantité de briques à crochet et autres, comme empilées, dont il reste encore de nombreux fragments, la plupart en terre mêlée demi-grossière, et fortement cuite. Il semble qu'il y ait eu là un foyer; on voit encore beaucoup de pierres brûlées parmi les cailloux de la côte. Le sable qui se forme et s'accumule de plus en plus sur le rivage, doit contenir de ces briques. On en a enlevé avec du sable, à batelées, pour Vannes où leur présence dans les lieux où on a employé ces matières, pourra amener plus tard quelque méprise. Une tranche verticale de la falaise s'écroulant, a mis à découvert le vase en question; la tranche qui le contenait s'écroulant ensuite à son tour, a mis à découvert d'autres objets que j'ai vus récemment et qu'on peut aller étudier.

Ce sont de menus fragments de très petits vases carrés, irréguliers, en terre rouge, très fine, peu cuite, et très friable. Ces petits vases sont semblables à ceux qu'on trouve, mêlés à des briques romaines, dans la falaise au Lodo, en Arradon, et dans celle plus basse de Séné, au-dessous de Cariel, si je ne me trompe; mais ces derniers sont plus cuits. Des pernettes sont mêlées à eux, comme aussi à Cariel et au Lodo. On les voit à une quinzaine de pas, au nord de la jetée récente, former dans la falaise une

petite zône horizontale rouge, à environ 2 m. au-dessus de la plage, et à 1^m30 au-dessous de la surface du sol qui tend à glisser. Cette zône s'étend très distinctement, avec de nombreuses petites solutions de continuité, sur une ligne d'environ une dizaine de mètres de longueur, et d'une épaisseur qui varie de 15 cent. à un ou deux. Je n'ai trouvé aucun fragment de brique sur le terrain supérieur. Il doit y avoir eu un four à potier, ces petits vases l'indiquent, mais à 7 ou 8 pieds plus près de la mer qui l'a détruit avec son emplacement. Sur la côte de Séné, M. l'abbé Luco m'a montré l'année dernière des foyers en pierre et en briques encore en place, sous la couche épaisse des petits vases brisés, dont les fragments sont enchevêtrés les uns dans les autres avec de la terre.

On se demande, sans trouver de réponse satisfaisante, quel était l'usage de ces petits vases mal façonnés, si singuliers et si nombreux, dont beaucoup, mesurés sur leur fond plat, n'ont extérieurement, que 3 cent. d'un côté, et 4 ou 5 cent. de l'autre, et une épaisseur de 2 millim.

Sur le plateau dit Er Pargo, Nos 682 à 693, section D de Kernaud, dans la cruyère est, sous lande, du second champ à l'est de la route qui va de Kernaud à Pen-Hap, au sud-ouest du Rudel, à peu près à mi-distance entre Roh-Vras et le dolmen dit de Pen-Hap, qui se trouve dans Boglieu, on voit de la route une longue pierre debout, pointue, qui semble être un menhir, et qui n'a pas, que je sache, été signalée. Elle a 1^m46 de hauteur au-dessus du sol, et 3 m. de circonférence à la base. Près d'elle est une roche allongée. A 2 m. à l'est, dans un talus, sont plusieurs pierres plates qui ont pu couvrir une galerie ; mais il n'y a pas de trace d'un dolmen. On a fait à 25 cent du pied de ce menhir, du côté est, un commencement de tranchée de 15 cent. de profondeur. Cette pierre levée est à environ 100 m O. N. O. de Roh-Vras et presque dans l'alignement de ces roches et du dolmen à galerie qui les avoisine.

Le menhir connu, qui est debout dans un muret, près de Roh-Vras, est éloigné de 11 pas, au S. O., de la grosse roche sous laquelle un commencement de fouille a été pratiqué en 1877. La base de ce menhir ne paraît pas avoir été explorée, et elle pourrait l'être du côté du chemin. Je l'ai examiné avec attention, et rien n'indique qu'il ait été déplacé.

A environ 10 pas, à l'O. S. O. de lui, près du talus d'un pré, de l'autre côté du chemin, se trouve une grosse pierre longue couchée, qui a pu être un menhir; sa longueur dépasse $1^m,50$, sa largeur est de 80 cent.

M. Praud, maire de l'Ile aux Moines, qui a bien voulu s'intéresser à mes recherches, nous a montré plusieurs fragments de tuiles avec rebords et de briques romaines que des ouvriers ont mises à découvert, à la fin de juin dernier, en faisant un chemin, à la pointe nord de Toulindac, au bout et dans l'axe de la nouvelle jetée. Ces restes antiques se trouvaient à 20 cent. de profondeur dans le sol peu épais sur le roc et gazonné en cet endroit Nous avons recueilli plusieurs fragments de même provenance, dans le champ au sud-est du petit bois de pins qui couronne la pointe de Toulindac. Dans ce bois, rien d'apparent ne décèle le site d'une habitation romaine ; quelques indices sembleraient placer l'habitation dont ces tuiles proviennent vraisemblablement, au Lério qui est contigu, et plus bas que sa falaise actuelle. En ce cas elle aurait été détruite par la mer envahissante, et ses restes seraient actuellement sous la vase et le sable.

Le séjour des Romains dans l'Ile aux Moines, la plus importante et la plus jolie des îles du Morbihan, n'avait jamais encore été signalé. On avait trouvé en 1877 des fragments de briques romaines sous une des grosses pierres dites Roh Vras, près Kernaud, section D, et un fragment d'une amphore dans une sorte de dolmen sans couverture à Rah-Vihan, section E (*Bull. Soc. Polym. 2e sem. 1877, p. 94 et 95*); cela était insuffisant pour établir l'habitation des Romains dans cette île. La trouvaille vers 1825, au bourg, d'une statuette sans caractère déterminé, (Cayot-Délandre, *Le Morbihan*, etc., p. 157), ne donnait pas de conséquences. Mes découvertes prouvent que les Romains ont eu dans l'île plusieurs habitations importantes.

Cela devait être. Les Romains aimaient la campagne et se connaissaient en beaux sites; ils savaient également choisir et les fortes positions pour leurs camps, et les lieux les plus agréables pour leurs demeures. Ils ont dû apprécier comme elle le méritait l'île-perle du Morbihan dès qu'ils l'ont connue. Sans doute alors, de même que Rhuys et Quibéron, elle était couverte de bois qui depuis ont disparu. Il ne me siérait pas de refaire ici la description et l'éloge de ce lieu favorisé dont les Vannetais eux-mêmes sont fiers. M. Mauricet père les a faits avec la sensibilité et le charme pénétrant qu'il met dans ses écrits, et M. Mauricet fils en a étudié les antiquités antérieures aux Romains. On peut lire leurs ouvrages dans le Bulletin de 1877 de la Société que j'ai cité.

Pour remercier comme il me convient mieux ici, en archéologue et en celtisant, les habitants de l'Ile aux Moines de l'aide gracieuse et des facilités qu'ils ont bien voulu prêter à mes recherches dans leur pays qu'ils ont raison de tant aimer, car il est vraiment aimable, je leur fais connaître, à supposer qu'ils l'ignorent, que le plus ancien monument écrit qui en parle, est une charte du Cartulaire de l'abbaye de Saint-Sauveur de Redon, publié en 1863. Cette charte, dont la date est entre l'an 851 et l'an 856, montre que Erispoe, roi de Bretagne, donna aux moines de Saint-Sauveur le *plebs* ou paroisse de Chaer « *et l'île qui est appelée Crialeis, c'est-à-dire, Enes manac ad fabas* », et qu'il en fit la tradition par la remise de son gant dans la main de l'abbé Conwoion, à Cancell, lieu dont on ignore aujourd'hui la situation.

Rosenzweig, *Répert. archéol.* p. 233, a cette mention : « A l'Ile aux Moines, ruines d'un couvent de *moines rouges*, d'après la tradition ; ils auraient donné leur nom à la paroisse. »

Cayot-Délandre, *Le Morbihan* p. 157, écrit : « L'Ile aux Moines doit certainement son nom aux religieux qui l'habitèrent autrefois, mais dans des temps si reculés que les dernières ruines de leur monastère, qu'on dit avoir existé dans le voisinage de Pen-Hap, ont aujourd'hui complètement disparu. »

Cette affirmation sans preuve tombe d'elle-même. Rien non plus ne confirme que la tradition populaire repose sur un fondement plus réel. La charte du milieu du IXe siècle, et la présence des nombreux vestiges romains que j'ai constatés dans l'île, me paraissent suffire pour tout expliquer.

La charte apprend que le nom de l'île était alors *Crialeis* ; elle traduit, ou plutôt elle explique ce nom par *Enes manac ad fabas*, mélange de breton et de latin qui signifie « Ile du moine pour les fèves », ce dans quoi je crois voir : Ile donnée au moine (ou aux moines) pour *(ad)* les légumes qu'elle produit. *Crialeis*, qui serait peut-être plus correct sous la forme *Crileys* ou *Craileys*, est un vieux mot breton signifiant simplement *herbe fraîche*, dont le sens sous-entendu, exprimé par la glose *ad fabas*, dût être *herbes potagères, légumes frais*. Il n'exprime par lui-même aucune idée d'île, ni de moine, ni de couvent. Toute la phrase qui prétend le traduire, n'a avec lui aucun autre rapport que le sens de légumes, exprimé par une espèce, les fèves. S'il y avait eu un couvent dans l'île, sans doute la charte l'eut dit. L'île donnée aux moines de Saint-Sauveur et remise, sous la figure du gant du roi, à l'abbé, devenait de ce moment l'Ile du Moine, *Enes Manac*, d'où, par contraction, *Esnah* ou *Isnah*, son nom breton moderne.

Prétendre que *Enes Manac* veut dire « Ile des Moines », c'est admettre que le breton de la charte est incorrect.

La possession de l'île par l'Abbaye fit tomber en désuétude l'ancien nom breton, qui nous serait inconnu si la charte ne l'avait conservé, et le nom de l'*Ile au Moine* prévalut. *Isnah* est un singulier, qu'on a eu tort de traduire par un pluriel, Ile aux Moines, dont le son d'ailleurs est identique à celui du singulier, ce qui concourt à la confusion. Le nom de Locminé, qui a une même origine, était, en 1008 *Loch-Menech in Moriaco*, — en 1273 *Locmené*, (par chûte du *ch* aspiré final), — en 1387 *Locus Monachorum*, (traduction latine), — en 1406 *Lomenech* (adoucissement par chûte du *ch* interne) ; c'est-à-dire, toujours au pluriel, lieu des Moines.

La tradition d'un couvent dans l'Ile au Moine, a pu naître naturellement du souvenir plus ou moins effacé de la donation, et du nom breton nouveau Enes Manac, qui en fut la conséquence. Elle a pu naître encore, comme ailleurs, comme à Toulvern, par exemple, ainsi qu'on le verra plus loin, de l'existence des ruines romaines dont l'origine était oubliée, et qu'on rapportait à un prétendu couvent de *Moines rouges*.

De fait, selon moi, la charte, sans avoir eu cette intention, a débaptisé Crialeis et l'a rebaptisé ; puis plus tard, l'origine du nom nouveau s'étant effacée, on a cru en trouver l'explication dans la supposition d'un couvent, que chez nous le peuple attribue presque toujours à des *menec'h ru*.

Un fait du même genre, quant au changement de nom, paraît s'être produit en l'an 836 pour Rhuis, comme je l'établirai ailleurs ; mais avec cette différence, qu'on serait revenu peu après au nom antérieur.

En Baden. — M. Sélo, Vincent, capitaine marin, du Port-Blanc, a eu l'obligeance, pour laquelle je lui exprime ma gratitude, de m'accompagner et de m'être à la fois un cicerone et un témoin, dans une excursion rapide de trois heures, sur une ligne courbe, d'environ 3 kilom., parallèle à la côte ouest, à travers les deux pointes de Toulindac et de Penmern, et passant par des lieux où j'avais l'espoir, qui a été confirmé, de trouver « du romain ».

Pour cette course imprévue en Baden, je n'avais d'autre préparation qu'un simple regard jeté sur la carte ; il a suffi pour plusieurs trouvailles.

Il est très difficile d'obtenir des réponses et des renseignements précis de la plupart des habitants de cette contrée, qui forment un contraste frappant avec leurs voisins de l'Ile aux Moines dont l'esprit et le visage sont si ouverts. Les Ilois ont les manières propres aux gens des villes, beaucoup de Badenois ont celles d'habitants de campagnes reculées. Les deux terres ne sont cependant séparées que par un goulet de 3 à 400 m. de largeur. Cette différence tranchée entre les deux populations doit tenir à des causes diverses, et entre autres à ce que dans l'île la population est beaucoup plus condensée et qu'on y parle plus français que breton, et sur la terre de Baden au contraire beaucoup plus breton que français. A l'Ile aux Moines, tout le monde parle français couramment ; sur la côte opposée de Baden, la plupart des personnes âgées n'en comprennent pas un mot.

Dès notre mise en quête, M. Sélo m'a montré de grosses pierres rapprochées et en désordre, sur un plateau au N.O. et contigu au Resto, à 30 pas à l'est de la grande route qui va à Baden, et à 100 m. S.E de la maison de Kerguen. Elles m'ont paru être les ruines d'un dolmen non signalé, dont l'entrée aurait été à l'ouest.

Le catalogue de 1856 mentionne « à Toulindac, des débris de briques romaines ». Aucun même des plus anciens habitants de ce village que nous avons interrogés, n'en a connaissance ni entendu parler et n'a pu nous donner d'indications à leur sujet.

J'ai trouvé de nombreux menus fragments de briques romaines dans la partie présentement sous mil et blé noir, appartenant à la veuve Huby de Toulindac, d'un grand champ nommé Boscav, situé au sud de la grande route de Port-Blanc au bourg, et au S.O. de la petite maison du Lanic, et bordé au nord par un chemin charretier qui va à Toulindac. Partout la culture fait disparaître chaque jour de plus en plus les vestiges anciens. La charrue et la houe, aidées par la pluie, les réduisent en miettes ; on jette les morceaux plus gros dans des tas de pierres, dans des brousses, des trous, des chemins, et avant longtemps il sera impossible de retrouver dans beaucoup de lieux ces restes qui ont une valeur historique. C'est pourquoi je crois utile de constater leur existence.

A Mangouéro ou Mangoro, où je m'attendais à rencontrer de ces vestiges en abondance suffisante, je n'ai trouvé, sur un talus du jardin à l'ouest près de la maison, qu'un grand fragment très fruste de tuile romaine de recouvrement, et dans le champ derrière la maison un fragment de brique antique sans caractère certain. Tous deux proviennent sans doute d'un lieu voisin. Le jardin, non plus que ce champ et le pourtour de la maison, ne m'ont révélé aucun autre indice. La fermière ne s'occupe pas des champs ou n'y remarque pas ce qui ne l'intéresse nullement ; l'homme était absent ; je n'ai pu avoir de renseignements. Néanmoins je croirais qu'une exploration plus étendue dans les environs ne resterait pas sans résultat.

La carte de l'Etat-Major au 20 mill. écrit le nom de ce lieu Maguerén, et celle au 80 mill. Maguéro ; la première écrit le nom d'un autre lieu un peu au nord Manné Bormand, et la seconde Mané Ormand ; le nom véritable est Mané Normand. Ces erreurs qui se reproduisent très fréquemment dans ces cartes pour les noms bretons, sont très fâcheuses dans un travail de cette valeur ; elles égarent et paralysent l'étude et les recherches. Les noms de lieux ont beaucoup plus d'importance qu'on ne se le figure peut-être ; ils sont toujours un document pour l'histoire et très souvent le seul qui existe. Pour Mangouéro entre autres, comme exemple, quand le dernier fragment de brique romaine en aura disparu, il ne restera plus d'autre indice, je puis dire d'autre preuve, de la présence des Romains en ce lieu, que son nom, tant qu'il persistera lui-même. Il en est identiquement de même de Bourgerel qui suit, et dont le nom seul me disait d'avance que les Romains devaient y avoir habité aussi.

Dès mon premier pas dans la cour de la ferme de Bourgerel, une circonstance heureuse, comme à Brambouis et au Bézit, m'a présenté la preuve matérielle que je suis allé y chercher, en confirmation de mes inductions. Dans le coin S.O. de cette cour, à la fois aire et pâtis, on extrait présentement des pierres, et on met à découvert des restes de murs romains, des tuiles à rebord et des briques, des fragments de poterie noire très cuite, des cendres formant agglomérat, etc. Le sieur Le Vigouroux, Joseph, propriétaire ou fermier, et son fils ou garçon de ferme, nous ont dit, à M. Sélo et à moi, avoir, il y a quatre ans, défait, près de là, des restes de murs anciens en pierres de petit appareil, formant de petites chambres carrées comme celles qu'ils ont vues à Pen-er-men, et au Reniou à Bourgerel, en Arradon ; des chambres ou corridors, dans les murs desquels se trouvaient de petits tuyaux ronds en terre, n'avaient pas plus d'un mètre de largeur. Ils ont trouvé dans les décombres beaucoup de pierres brûlées. Ils ont tout démoli et employé la plupart des pierres à boucher des trous çà et là sur la ferme. « Ils ont pris en ce lieu et envoyé dans les champs et les prés, *plus de dix charretées de cendre et de terre brûlée.* » Ils y ont aussi trouvé des ardoises très épaisses, dont une, carrée, brisée en deux, de 1 1/2 pied de côté ; un morceau de cuivre que le sieur Le Vigouroux avait mis de côté et ne retrouve plus ; plusieurs gros cylindres en granit, à bords arrondis, percés de part en part d'un trou central, meules à bras que nous avons vues ; une pierre plate, ronde, légèrement concave, en granit, ayant un trou au centre, partie d'un moulin ; le bout inférieur volumineux d'une grande amphore en terre rouge, peu cuite, qu'il m'a donné, ainsi qu'un objet en terre à brique grossière, passablement cuite, pesant au moins 1 1/2 kilo, façonné à la main, régulier, à angles arrondis, percé près d'une extrémité, dans son sens le plus large, d'un trou qui traverse, et destiné au passage d'une corde ; c'était évidemment un poids ou de tisserand ou de filet de pêche ; une pierre à aiguiser identique à une que j'ai trouvée avec de la brique romaine dans le dolmen de Plaisance, et que je n'aurais pas mentionnée, n'était cette ressemblance.

Le terrain est accidenté en cet endroit, mais le gazon qui le recouvre ne décèle rien à la vue. Nous avons constaté la présence dans des clôtures assez récentes, près de la maison, de pierres profondément brûlées et déformées par suite de l'action du feu ; on nous a dit qu'elles provenaient des ruines romaines. Je penserais qu'il y a d'autres décombres de même origine sous le talus ouest de ce pâtis, près de l'endroit d'où l'on tire actuellement des pierres, et dans le commun de l'autre côté, à l'ouest de ce talus ; peut-être aussi à 30 m de là, dans l'endroit du champ au sud marqué par un bouquet de vieux buis.

Beaucoup de vieilles chapelles dans notre pays ont été construites sur l'emplacement d'habitations romaines. J'ai voulu voir s'il en était ainsi pour celle de Notre-Dame à Penmern. L'évènement n'a pas trompé mon attente. Dès notre approche, j'ai relevé, près de la croix au sud, dans le sol du chemin et de la lande, des fragments disséminés avec d'autres, de tuiles ayant leur rebord.

Entre la croix et la chapelle se trouve une sorte de lech debout, planté en terre, à pans carrés, émoussés, travaillé dans sa partie supérieure ; il ne ressemble en rien à la base d'une croix, et rien n'indique qu'il en ait jamais porté une. Sa forme diffère de celle de tous les lechs que j'ai vus. Il a environ, d'après mon souvenir, 75 cent. de haut, sur 60 cent. ou plus de large, et moins d'épaisseur ; il fait face à l'ouest. Il est creusé irrégulièrement, tout autour, presque à mi-hauteur, d'une rainure assez profonde, oblique par rapport à l'horizon, et, verticalement, presque à mi-largeur, d'une autre rainure qui descend des deux côtés de face et de derrière, jusqu'à la première ; sur la partie supérieure de la pierre, cette rainure entre plus profondément et la sépare comme en deux ; au centre de chacune de ces deux parties plates et carrées du sommet, une petite cuvette ronde a été creusée.

Rosenzweig ne mentionne ni cette pierre ni la vieille chapelle qui est en dehors et isolée du village. La chapelle est entourée de très vieux et grands ormeaux rongés par le vent.

On remarque entre la chapelle et la pierre susdites, de longs restes de murs formant une figure irrégulière, allongée dans le sens d'est à ouest, dont le côté N. O. est en partie courbe ; la courbe s'accentue à l'ouest et rejoint le côté sud ; celui-ci est droit ; le côté est forme des angles droits avec les côtés nord et sud.

J'ai retiré du sol au nord et près de ces vestiges de murs, des fragments divers de briques antiques, dans la lande qui va jusqu'à l'étang du moulin du Pont-Neuf. On voit sur le côteau opposé au N. O. de ce moulin, le hameau de Kerisper.

Nous avons trouvé aussi quelques fragments de briques dans les chemins du village de Penmern.

Pressé par le temps et entravé par la difficulté d'obtenir des renseignements des habitants, malgré leur aménité et leur bienveillance que je me plais à reconnaître, je n'ai pu me procurer sur place les noms des lieux et d'autres indications désirables.

Le catalogue de 1856 ne mentionne comme « Romain » en Baden, outre les débris de briques à Toulindac, que : « A Kergarenne, débris et médailles. — Retranchement au Major, près Locmiquel. » — Rosenzweig, *Répert. Archéolog. du Morbih.* 1863, répète ces mentions d'après le catalogue, et y ajoute seulement : « Voie de Vannes à Locmariaquer, d'après Cayot-Délandre. » — Je ne sache pas que personne ait signalé depuis quelque autre établissement romain dans cette commune. J'ai pensé qu'il devait y en avoir beaucoup d'autres, notamment dans les parties sud formant les pointes de Larmor et de Locmiquel, et qu'une visite même partielle et rapide à travers cette contrée devait, très probablement, ne pas rester sans résultat. M. Guyot-Jomard a bien voulu se joindre à moi dans cette reconnaissance un peu pénible sous le soleil tropical du 26 juillet ; mais rien n'arrête l'entrain qu'il met à seconder mes recherches, et je dois à sa clairvoyance plusieurs rencontres heureuses.

Nous avons passé par Le Ter, Locqueltas, Trévrat, que les habitants dénaturent en Trévras, le Moulin, le Brétinio, Locmiquel. Personne, dans cette partie du pays, pas plus que dans la partie nord est où sont situés Bourgerel et Penmern, ne connaît Kergarenne et n'a pu nous en indiquer la situation. Ce lieu ne figure pas aux plans cadastraux ; il est sans doute porté à l'Etat de sections ; mais ce document ne se trouve qu'au chef-lieu de la commune, et encore met-on souvent des entraves à son libre examen, question importante sur laquelle je me propose de revenir ailleurs et d'appeler l'attention publique.

Il est à désirer que les catalogues officiels des monuments historiques soient moins laconiques et qu'ils donnent toutes les indications nécessaires souvent pour trouver les lieux, entre autres la section et le numéro de la parcelle où le monument est situé J'irais jusqu'à souhaiter l'indication de « champ, pré, pâture, lande ou bois », qui est une donnée très pratique et utile sur le terrain.

Dès notre arrivée aux abords du Ter, nous avons trouvé plusieurs grands fragments de tuiles avec leurs rebords et de briques romaines, fortement enfoncés parmi les roches, dans le chemin entre la fontaine et l'aire à battre, et d'autres semblables dans le Raquer près de ce chemin, au sud-ouest de l'aire à battre, dépendances de la ferme du sieur Thébault.

On trouve de nombreux fragments de briques et de tuiles à rebord dans le champ entre les deux maisons, longé par le chemin charretier au sud, principalement dans la parcelle présentement sous mil, appartenant à la veuve Hémery, du village ; on met ces briques à boucher les trous du chemin près la maison ; de grands fragments se voient aussi dans le sol de la cour devant la maison de la veuve Hémery. Ce champ se nomme « Ler en Ter. ».

On trouve de plus de très nombreux fragments de briques romaines avec leur caractéristique dans le champ dit « Le Tenninguen, » situé au nord et derrière la maison du sieur Rio, Louis, au même village, et principalement dans la partie actuellement sous froment. Le sieur Rio y a trouvé, à un pied dans le sol, un objet en granit travaillé, ayant la forme d'un cône évidé dont le sommet est perforé ; il l'emploie comme plateau d'une ruche à abeilles. Cette partie du champ est à moins de 100 m. du précédent.

Continuant notre route, nous avons constaté la présence de fragments de briques à rebord et autres dans le sol de la cruyère d'un champ nommé Parmen, à l'ouest et au bord du chemin du Ter à Locqueltas, à environ 250 m. de la partie susdite du Tenninguen. Ce champ, qui appartient au sieur Le Vigouroux, est au nord et derrière la maison située la plus au nord du hameau de Locqueltas.

A Locqueltas même, dans la pâture au nord-est de la première maison en venant du Ter, nous avons reconnu des restes de murs dans lesquels il y a beaucoup de fragments de tuiles à rebord ; tout le sol de cette grande pâture est parsemé de fragments de briques. De vieux plants d'aubépine croissent dans les décombres. Les clôtures qui environnent ce terrain contiennent beaucoup de pierres d'appareil.

Dans une autre pâture à l'est de la maison et contiguë au sud au terrain précédent, on voit un grand plateau formé de décombres, restes de murs, remplis de briques avec rebord et d'ardoises épaisses antiques ; il y a dans le sol beaucoup de pierres brûlées. Les environs sont pleins de briques Là sans doute était l'habitation romaine principale. Ces deux pâtures se nomment Le Raquer.

Le sol du chemin qui de là conduit à la côte, est aussi parsemé de briques antiques. Sur la côte, à l'est et au bas du Raquer, se trouvent de nombreux fragments avec rebord et d'autres. On en voit beaucoup aussi dans un champ sous mil à l'ouest et derrière la maison, et dans les chemins au sud-ouest du village.

Dans une seconde visite que j'ai faite à Locqueltas, en allant à Toulvern, le fermier Le Vigouroux m'a dit qu'il avait vu dans le champ Parmen sus indiqué, des restes de murs, qu'on croit dans le pays être ceux d'une vieille chapelle ; je suppose qu'ils sont romains. J'ai vu dans l'aire à battre de ce fermier, des murs, particulièrement du côté ouest, formés de pierres de petit appareil, et remplis de pierres brûlées. Un terrain abandonné, contigu, au nord, n'est que décombres de vieux murs, pleins de briques anciennes.

Dans le mur ouest susdit de cette aire à battre, se trouve une grande niche, en pierres de taille bien assemblées, voûtée au sommet, et qui a environ deux pieds de profondeur au-dessous du sol ; le fond en est dallé, comme pour y conserver de l'eau. Elle fait penser aux niches et fontaines, souvent en rocailles et en coquillages, qu'on voit dans le *xystus* au fond du péristyle des maisons à Pompéi.

Il y doit y avoir eu à Locqueltas un établissement romain important, avec des dépendances étendues.

A Trévrat il subsiste les ruines d'un ancien château seigneurial, qui a été sans doute la cause de l'altération du nom en Trévras. La carte de l'Etat-Major écrit Trévras ; le cadastre et Rosenzweig portent Trévrat Cette rectification a son importance. Plusieurs fragments de briques paraissant antiques, que nous avons trouvés en divers endroits autour de Trévrat, appellent un plus ample examen de ce lieu.

On trouve quelques fragments de tuiles à rebord et de briques de même origine, dans des clôtures autour du Brétinio, au nord ouest et à environ 150 m. du village de Locmiquel. Il est probable qu'il y a eu sur cette colline un retranchement dont la culture a plus ou moins fait disparaître les traces.

Dans le village de Locmiquel, une vieille chapelle dédiée à St-Michel, dont le lieu a pris son nom, est construite sur des ruines romaines très apparentes. Les clôtures des jardins et des champs qui entourent cette chapelle, sont remplies de pierres de petit appareil. Une maison située à l'ouest sud-ouest et à quelques pas de l'entrée de la chapelle, dont elle n'est séparée que par un chemin et un petit jardin, se nomme *Ti Er Majol* ; nul ne sait pourquoi, ni ce que cela signifie, ce que je crois volontiers, et pour cause.

Je n'ai pas vu de briques dans la terre de ce petit jardin, mais il y en a avec leur rebord dans sa clôture en pierres qui borde la route vis-à-vis la chapelle. On constate dans cette clôture la présence de beaucoup de pierres brûlées à fond. Cette maison est occupée par un sieur Mélan. On voit beaucoup de briques et de ciment dans le sol du chemin et des terrains au sud-est ; il y en a partout en ces lieux sur un grand espace.

Un plateau nommé *Penteuen*, (3 syll. Pen-te-uen) est à quelques pas seulement au sud de la chapelle ; le chemin qui le sépare de la chapelle est rougi de briques, qui y formaient un long muret, il n'y a encore que peu de temps.

J'ai vu sur la côte, à l'est et au bas de Penteuen, près et du côté nord de la chaussée de Locmiquel, beaucoup de briques à rebord et autres ; mon cicerone m'a affirmé que lorsque la mer n'est pas dans son plein, on peut suivre en cet endroit des restes de murs. Evidemment, ils seraient romains. La mer pleine, juste au moment de mon passage, ne m'a pas permis de les constater *de visu*.

Nous avions en vain demandé à de nombreux habitants du pays, d'âges divers, dans les environs et dans le village de Locmiquel, de nous indiquer où était « *Le Major près Locmiquel* », afin d'y aller voir le retranchement que le Catalogue de 1856 y signale. Ce nom de *Major* ou *Le Major* était absolument inconnu, comme celui de Kergarenne, de toutes les personnes du pays auxquelles nous nous étions adressés. Nous avons voulu en avoir le cœur net ; M. Guyot-Jomard a relevé au cadastre « *Le Major* », dans la pointe au sud de Locmiquel, qui fait face aux Iles Renaud et Radenec, — et je me suis mis en route.

Le Major est la partie *est* d'un très grand champ situé presque à l'extrémité de la pointe susdite ; il faut un bon temps de marche de Locmiquel jusque-là ; il dépend de la ferme du *Majol* dont la maison *Ti er Majol* est celle dans le village et près de la chapelle, que j'ai mentionnée plus haut. Ses fermiers sont presque les seuls à savoir son nom ; ils pensent que ce nom est français et vient de ce que cette pièce dépend du *Majol*. La partie contiguë et ouest du champ se nomme Le Ruello, et sa maison de ferme est aussi au village de Locmiquel.

Je n'ai retrouvé au Major ni dans ses environs, aucune trace de retranchement. Les fermiers et les douaniers du poste voisin, qui habitent le pays, n'ont aucune connaissance d'un retranchement en ces lieux, et ils se montrent étonnés qu'on en cherche un.

On voit dans ce champ « Le Major » une butte couverte de broussailles, qu'on a commencé à fouiller il y aurait quatre ans.

Le passager de Larmor aux îles voisines, homme d'environ 50 ans, a dit récemment à M. Guyot-Jomard que le vrai nom « du Major » était « *Le Majol* », et qu'il ne comprend pas pourquoi on l'altère.

Je ne mentionne que pour mémoire, parce que je suppose qu'ils sont connus et décrits, divers monuments que j'ai visités sur mon chemin en me rendant du Major à Toulvern.

Sur un mamelon rocheux dans la lande du Couédic, à l'ouest du Major, un dolmen tellement ravagé et détruit qu'il n'en reste que les supports à l'entrée, et quelques pierres du côté nord de l'endroit où était la chambre.

Sur un autre mamelon également rocheux et sous lande, à l'O. S. O. de la ferme du Couédic, non loin de la chaussée, restes informes d'un autre dolmen détruit.

Près de là, deux pierres gisantes sont les seuls débris d'un autre dolmen.

Passé la chaussée qui relie la pointe du Couédic à celle de Toulvern, on rencontre à l'O. N. O. et non loin d'une habitation neuve, sur une lande rocheuse, à l'O. de la route de Baden, les décombres d'un grand tumulus, galgal dévasté ; des pierres pêle-mêle, quelques tables, de couverture peut-être, sont tout ce qui subsiste d'une chambre s'il y en avait une. Je me fais presque scrupule d'ajouter que la base de ce tumulus paraît n'avoir pas été fouillée, et à ce propos je me demande si je n'ai pas tort d'indiquer des monuments qui sans doute n'échapperont pas à la triste destinée des autres, quand on saura qu'ils existent.

Un peu plus au nord-est, à l'est de la même route, à 300 m. au sud-ouest de la ferme de Toulvern, au centre et à demi-hauteur d'un tumulus écrêté, ruines confuses de deux chambres mégalithiques paraissant se continuer, avec galerie d'entrée à l'est. On ne voit que trop qu'elles ont été fouillées.

Ces dolmens, ces tumulus, furent d'imposantes sépultures érigées à grand'peine par la piété et la vénération de tout un peuple... Des fouilleurs y ont passé, et ce n'est plus qu'un cahos.

Indignation, tristesse profonde, voilà ce qu'on éprouve à l'aspect de telles destructions commises trop souvent au nom de la science. Les Vandales, eux, ont au moins respecté les tombeaux. Je comprends qu'on étudie les monuments antiques et qu'on leur demande leur secret, mais je ne comprends pas que sous prétexte de les étudier, on les détruise. Je maintiens que ces monuments sont une sorte de patrimoine commun, que les générations à venir y ont un droit tout autant que la génération actuelle, et que c'est un devoir strict pour tout explorateur, surtout s'il est ou se prétend un savant, un devoir plus strict encore pour les sociétés qui opèrent des fouilles, de rétablir les monuments dans l'état où ils les ont trouvés, ce qui ne veut pas dire de combler à nouveau les chambres, bien au contraire, et de prendre toutes les précautions possibles pour leur conservation.

Mais à quoi bon dire cela maintenant ? Hélas ! il est trop tard pour en sauver quelques-uns.

Je le dis cependant, parce que cela me pèse, parce que l'occasion s'en offre ici, parce que j'ai vu les faits que je rapporte et bien d'autres pareils.

Longtemps j'ai ignoré, comme tous ceux qui s'occupent peu d'archéologie, le véritable état des choses. Je le connais à présent, parce que depuis quatre ans je m'en occupe spécialement.

Je dis ce qui est, parce qu'il faut que quelqu'un enfin ait ce courage, et je l'aurai.

Notre pays Vannetais si riche, naguère encore, en monuments divers, menhirs, dolmens, tumulus vierges, que le temps et les hommes avaient épargnés, n'est plus couvert que de leurs ruines, irréparables désormais.

Jamais, non, jamais, il n'a été détruit autant de nos monuments que depuis qu'on les fouille au nom de la science

Il ne reste plus à détruire que ceux qui exigent trop d'effort, et ceux dont on ignore l'existence.

Trente années de ces fouilles désordonnées, dont on n'a même pas retiré tous les fruits qu'on aurait pu, ont effectué plus de ravages que vingt siècles d'ignorance ou d'oubli.

Quelques hommes funestes, bande noire de nos monuments, ont fait à eux seuls, plus de mal que cent générations avant eux.

Et ces hommes s'en gonflent, ils en sont tout fiers, ils font retentir leurs exploits à tous les échos du monde... mais ils font le silence sur les ruines qui sont leur œuvre, sans penser qu'un jour elles crieront contre eux.

Pour comble, ces hommes traitent de barbares et de Vandales de pauvres ignorants qui en ont fait mille fois moins !

Maintenant, s'offense de ces vérités, quiconque se sentira atteint ; et si on en veut d'autres, la liste en est encore longue.

A ceux qui, lisant ces lignes que l'indignation m'arrache, hésiteraient à y croire, ou penseraient que j'exagère, je dis : allez voir, renseignez-vous, et jugez.

Rosenzweig, (*Répert. archéol.* art. Baden), a cette mention : « A Toulvern, ruines d'un couvent de *moines rouges*, suivant la tradition » — J'ai tenu à voir sur les lieux sur quoi reposait cette tradition, s'il y avait des ruines, si elles étaient celles d'une chapelle, si cette chapelle devait être attribuée probablement aux *moines rouges*, et si au contraire, comme je le soupçonnais, ces ruines n'étaient pas romaines, les Bretons ayant confondu dans une même horreur et une même exécration les Romains, les Hospitaliers de St-Jean vêtus de rouge et les Templiers vêtus de blanc avec une croix rouge, et une association indistincte d'idées s'étant établie dans le peuple, ainsi que je l'ai constaté, entre les *ménec'h ru*, moines rouges, et les briques romaines qu'il appelle, d'après leur couleur, *men ru*, pierres rouges.

Mon exploration n'a pas été assez complète, faute de temps, pour élucider toutes ces questions, mais elle en a résolu les principales, celles qui m'intéressaient le plus.

La ferme de Toulvern appartient au sieur Robert, Pierre-Marie, qui la cultive, et qui a eu l'obligeance de m'accompagner sur les lieux et de me donner tous renseignements. Les bâtiments sont entourés d'un grand enclos dont les murs sont très anciens. A 50 ou 60 m à l'ouest de l'aire à battre, passe une grande route récente dont la direction est sud-nord. Elle a été ouverte par M. Laigle Desmasures, depuis son habitation, Le Célino, près de la pointe de Toulvern, jusqu'au bourg de Baden. Pour la tracer droit et l'établir horizontalement dans la partie parallèle au mur ouest de l'aire à battre de Toulvern, on a attaqué et défait en ligne droite, sur 50 à 60 m. de longueur et plus de 2 m. de largeur, une sorte de talus, décombres d'un mur qui avait de 80 à 90 cent. de haut Il s'est trouvé que ce mur ruiné était rempli de tuiles à rebord, de tuiles de recouvrement, de briques et de pierres brûlées. Le tout a été plus ou moins brisé et répandu sur le chemin et forme actuellement son sol. Les passants foulent, sans y prendre garde, « du romain », tout ce qu'il y a de plus authentique. La quantité des pierres brûlées, la profondeur à laquelle elles ont été désagrégées par le feu, attirent surtout l'attention. M. Robert avait été frappé de ce fait, et il me disait : « Il faut qu'il y ait eu ici un grand incendie. »

Il reste de ce mur, du côté est du chemin, et formant son talus, une tranche verticale, dans toute la longueur de laquelle on peut choisir des échantillons de fragments de ces briques romaines, et de ces pierres brûlées qui prouvent un incendie très violent. Le talus ouest, vis à vis, en pierres, contient beaucoup de pierres de petit appareil.

A l'endroit au nord, où s'arrête le mur ainsi défait, il est joint à angle droit par un autre talus, formé également de décombres, ceux d'un mur pareil sans nul doute, allant perpendiculairement vers l'est. Celui-ci a une hauteur d'environ 90 cent., une largeur uniforme de $2^{m}70$, et une grande longueur. A son extrémité est il fait retour du nord au sud, près du chemin encaissé de la ferme. M. Robert m'a dit que le premier mur défait pour la route, était identiquement semblable à celui-ci. En le suivant pour apprécier sa longueur, j'ai relevé du sol, dans la lande, plusieurs fragments de tuiles antiques.

M. Robert m'a dit encore que tout autour des maisons de la ferme, il existe de très vieux murs, et que lorsqu'ils s'écroulent de vétusté, ce qui arrive souvent par les pluies de l'hiver, on voit dans leurs décombres des briques pareilles à celles que l'ouverture de la route a fait découvrir.

Evidemment il y a eu à Toulvern un établissement romain important.

M. Robert paraît avoir de 40 à 50 ans ; jamais il n'a entendu parler de vieille chapelle en cet endroit. Quoiqu'il y ait eu là une seigneurie et un manoir, la tradition obscurcie et dénaturée par le temps, aura très probablement attribué à un couvent de *moines rouges*, des ruines remplies de *men ru*, et qui étaient romaines.

Des Romains, il ne subsiste aujourd'hui dans le souvenir des habitants de nos campagnes, qu'un nom, celui de *César*, et selon eux, quelque grand tumulus doit être son tombeau rempli d'or. Quand on cherche un monument ancien quel qu'il soit, pour eux c'est ce tombeau, et ils ne soupçonnent d'autre mobile que la recherche de ce trésor. Leur convoitise aussitôt s'éveille, ils deviennent défiants et muets, et ils se gardent d'indiquer à autrui les richesses fabuleuses qu'ils se réservent et attendent d'un heureux coup de la Fortune.

Je ne me suis pas occupé de la grande presqu'île de Larmor, si bien située, mais je serais étonné qu'elle n'eut pas contenu comme ses voisines de Locmiquel et de Toulvern à l'ouest, et comme l'Ile aux Moines à l'est, des établissements romains.

Les noms de *Er Majol* et de *Penteuen* que portent les lieux que j'ai indiqués à Locmiquel, sont, entre autres, des plus instructifs et importants pour l'histoire et la philologie bretonnes. Leur altération, leur perte surtout serait très regrettable. Leur trouvaille seule valait les excursions qui ont donné de plus les établissements romains de Toulvern, Locmiquel, Locqueltas et du Ter, à ajouter à ceux de Boscav, Mangoro probablement, Trévrat peut-être, Bourgerel et Penmern, joli nombre, sans parler de celui à Toulindac du Catalogue, dans une partie seulement de la commune de Baden.

— Dans le bourg de Locmariaquer, qui a été jadis une petite ville romaine avec un cirque ou un théâtre, et dans les clôtures des champs qui l'entourent, clôtures formées pour la plupart de pierres de petit appareil, débris de murs romains, j'ai constaté la présence d'un grand nombre de pierres brûlées.

En Vannes. — On trouve en abondance des tuiles à rebord et de recouvrement et des briques romaines, dans des décombres et dans le sol de la cruyère nord-est d'un champ N° 68, section A, dépendant et à l'est du village de Kerbiguet, et aussi de l'autre côté de son talus nord, dans la partie qui y est contiguë, de la lande N° 70. Les habitants croient et disent que ces vestiges sont ceux d'une vieille chapelle.

Le moulin à vent de Kerbiguet, à environ 300 m. à l'est du lieu précédent, est assis sur un mamelon dans le sol duquel nous avons trouvé plusieurs grands fragments de tuiles avec rebord.

En suivant le chemin qui va de ce moulin au village du Grand Keravy, on a sur la gauche, au bas du côteau, une grande pièce aujourd'hui en pré, nommée Prat Lann, et qui était autrefois en lande. Son propriétaire, qui demeure au Grand Keravy, nous a dit y avoir trouvé, lorsqu'il la défricha, il y a 10 ans, beaucoup de tuiles à rebord et autres, semblables aux spécimens que je lui ai montrés. Les briques qu'on voit aujourd'hui dans ce pré sont modernes et y ont été apportées avec des fumiers et décombres de la ville.

J'ai trouvé un grand fragment de tuile avec son rebord caractéristique, à plus de 20 cent. dans le sol et le côté d'une tranchée dont la terre a servi récemment à faire le talus nord d'un enclos à droite du même chemin, presque au haut du mamelon qui est avant et qui cache le village du Grand Keravy au nord.

Des fragments de briques antiques que nous avons recueillis dans le courtil du puits, (Liors Puns), au milieu de ce village, et dans Lann Keravy, landier à l'est des maisons, n'étaient pas assez caractérisés pour être décisifs.

D'autres fragments en petit nombre, entre autres un grand avec rebord, ont été relevés par nous, disséminés dans le chemin devant et au sud de la maison du Petit Keravy.

Dans la lande derrière la maison neuve du Foso, à droite de la route de Bernard, et principalement dans le champ, défriché il y a 4 ans, à l'est de cette maison, à quelques mètres à l'est de la sépulture que j'ai signalée en ce lieu dans la première partie 1884, nombreux fragments de briques à rebords et autres dont le propriétaire a comblé les chemins de la ferme ; on en retrouve des restes et des pierres brûlées.

Le propriétaire explique qu'il a trouvé au même lieu, dans le sol, à une profondeur de 40 à 45 cent., « une bonne brouettée », de grands fragments de tuiles à rebord et de briques, autour du pied d'une grosse pierre détachée qu'il a enlevée.

M. Le Breton fils a remarqué une grande brique enfouie dans la falaise côté est du N° 35 section F, de la commune de Vannes, nommée « Grien Parc Nermitage ». C'est une tuile à rebord entière ; elle est très apparente sous une grosse pierre. Là sont des restes de mur romain très visibles, contenant des tuiles à rebord. La falaise est parsemée de briques romaines. Le lieu est facile à reconnaître, car il y a en cet endroit, dans la falaise, un creux et une sorte de source. Les champs au nord-ouest de ce N° 35 et du N° 34, et à l'est du sentier qui longe l'Hermitage et mène à Conlo, sont remplis de fragments de briques parmi lesquels M. Guyot-Jomard et moi en avons trouvé avec rebord, et quelques menus fragments de poterie dite samienne.

Nous avons aussi trouvé de grands fragments à rebord et autres, dans la lande à la pointe sud-ouest, N° 37, dite Parc Lann Scludic.

La chapelle de l'Hermitage, qui était dédiée à St Colombier, a été transformée en habitation privée. Dans le jardin qui l'entoure, fragments de tuiles avec rebord et de briques antiques; dans les tourelles de la clôture, au sud, pierres brûlées ; la base du talus de clôture au N. O. et de partie de celui au N. E., est en pierres de petit appareil. Cette chapelle a dû être édifiée sur les ruines d'une habitation romaine.

M. Guyot-Jomard a découvert des restes de constructions romaines dans le champ nommé Narvor, à l'ouest de la maison neuve et du bois de sapins du Petit Conlo. La pente sud du milieu de ce champ est remplie de fragments de briques antiques. Nous avons relevé dans un landier, dans le sol et parmi des pierres de rebut, plusieurs grands fragments de tuiles à rebord et de recouvrement, et des pierres brûlées ; on en trouve jusque sur le rivage de la mer, où elles sont rejetées du champ. Dans ce landier, sont des restes de mur allant du nord au sud, sur une longueur de plus de 100 pas ; à 130 pas de ce mur, à l'ouest, il existe des restes d'un autre mur parallèle de même longueur.

Nous avons trouvé de nombreux fragments de tuiles à rebord disséminés dans le sol du mamelon sous lande qui est au nord-ouest de ce champ Narvor ; ils proviennent probablement de ce champ.

M. Le Guen, propriétaire d'une partie de ce champ Narvor, et son fils, nous ont exposé sur les lieux que dans l'endroit culminant du champ, au nord, et non loin des vestiges romains, se trouvait dans une cruyère une grosse pierre debout, détachée, ayant environ 3 m. de circonférence, 50 à 60 cent. de hauteur au-dessus du sol, et 1 m. au-dessous. Ils l'ont enlevée il y a deux ans. La terre autour d'elle était meuble, franche, très bonne. Le sol à côté est rocheux. Cette grosse pierre était calée par des petites. En creusant autour pour l'extraire, ils trouvèrent à 50 cent. de profondeur, des ardoises très épaisses et bon nombre de fragments de briques semblables à ceux qu'on rencontre dans la partie sud du champ, les uns grands comme la main, d'autres plus petits ; *sous* cette pierre, il y avait des ardoises cassées. Ils ne doutent pas qu'elle n'ait été plantée là de main d'homme — Je suppose qu'elle marquait une sépulture. En tout cas, c'est un fait singulier analogue à celui du Foso.

M. Guyot-Jomard se rappelant avoir entendu dire, il y aurait une dizaine d'années, qu'on avait trouvé des briques anciennes à Kerino, nous y sommes allés voir. La colline ou butte de Kerino est située à l'est du bout du port, en avant du lieu de baignade. Nous avons constaté sur son sommet, dans la lande, des vestiges d'une habitation de l'époque romaine. Sur une grande étendue, nombreux fragments de tuiles dont plusieurs à rebord et d'autres de recouvrement ; restes de murs, nord-sud, le long de la clôture du pré à l'est, sur une longueur de 50 m. ; d'autres, est-ouest, à angle-droit avec les précédents, sur 35 m. de longueur, au milieu de la pièce. Dans les clôtures voisines, notamment dans le mur du jardin à l'est du pré, quelques pierres brûlées ; dans ce jardin, fragments de briques anciennes.

En Pont-Scorff. — M. Guyot-Jomard a trouvé en octobre 1884, dans le sol, dans la partie supérieure du vieux chemin presque abandonné qui rampe au côté est de la promenade de Pont-Scorff établie sur le plateau nommé Le Ronce, touchant à la ville, un grand fragment de tuile à rebord incontestablement romaine. Ce fait joint à d'autres indices, donne lieu de penser qu'il y a eu là ou dans le voisinage un établissement romain. Il sera sans doute facile d'en retrouver la place. J'engage à la rechercher là surtout où croissent de vieux buis sur cette colline.

Observations.

Les indications qui précèdent signalent, dans un espace restreint de notre contrée, environ quatre-vingts monuments historiques, la plupart, soixante-quatre, de l'époque romaine, et qui étaient inconnus. Leurs noms plus durables que leurs pierres, les ont fait retrouver. Mais ce n'est là qu'une première conséquence, confirmation matérielle du sens de ces noms, et, selon moi, la moins importante, quoique prouvant l'intensité de l'occupation romaine, et faisant entrevoir qu'il reste encore beaucoup de ses vestiges à découvrir. Ces noms et ce qui en ressort de plus, seront l'objet d'une étude spéciale, dont les faits présentés ici ne sont qu'un préliminaire.

Toutefois on peut dès maintenant tirer de ces faits quelques observations.

La signification de la plupart des noms anciens de lieux s'est effacée et perdue dans le peuple avec le temps ; on peut néanmoins la retrouver pour beaucoup. Ces noms sont de l'histoire, et leurs indications sont infaillibles; elles ne m'ont pas encore trompé une seule fois. Mes découvertes en sont la preuve.

Trouver des vestiges qui sont indiqués, c'est peu de chose ; trouver ce qui les indique, voilà le difficile.

L'idée et l'expression de « Epoque Gallo-Romaine », appliquées à notre pays, me paraissent être une erreur et le contraire de la vérité Je ne crois pas aux Gaulois en Vénétie, et je pense que les Vénètes étaient Celtes. L'expression d'Epoque Vénéto-Romaine ne serait pas plus juste. Tout me prouve qu'il n'y a jamais eu de fusion entre les Vénètes et les Romains. Je proposerais pour notre pays l'expression « Epoque romaine » simplement, ou si l'on veut celle de « Epoque romaine en Armorique ». Les termes « Epoque Gallo-Romaine » seraient réservés pour les pays Gaulois où la population paraît avoir accepté plus ou moins facilement le joug romain, contre lequel Vénètes et Bretons ont toujours protesté. Les preuves de ce fait sont éclatantes et abondent. Je me propose de les établir. Sans aller en chercher plus loin, les pages qui précèdent en sont remplies.

Les habitations dont j'ai signalé les vestiges, sont romaines ; je veux dire qu'elles étaient celles de Romains ou leur appartenaient. Toutes ont été détruites par le feu ; la quantité de pierres brûlées que tous leurs vestiges contiennent, en est la preuve irrécusable. Cette règle est générale ; quand on n'en constate pas la preuve matérielle, c'est ou faute de recherches suffisantes, ou que le temps a détruit cette preuve.

Les incendies ont dû avoir lieu à une même époque, probablement par suite d'une entente générale.

Le feu n'a pu être mis ainsi que par la population indigène, les Vénètes, mêlés, semblerait-il, de Bretons insulaires émigrés.

L'époque de ces incendies en masse sur tout notre territoire, est sans doute celle du dernier soulèvement général, par lequel les Vénètes, dans les premières années du Ve siècle, réussirent à chasser de chez eux définitivement les Romains.

Les noms des lieux ne peuvent s'appliquer qu'aux Romains. Si cette destruction avait été l'œuvre des Normands, les noms des lieux seraient tout autres.

Les ruines d'habitations romaines qui subsistent autour de nous, ont donc près de quinze siècles.

Si l'on veut dresser une carte des établissements romains dans notre pays, que l'on se hâte, car chaque jour leurs traces vont diminuant, et déjà beaucoup ont disparu.

La plupart des vieilles chapelles de nos campagnes, peut-être beaucoup de celles de nos villes et beaucoup de nos églises, sont construites sur l'emplacement même d'habitations romaines.

J'ai lieu de croire qu'à Sainte-Anne d'Auray, la première chapelle dédiée à sainte Anne, chapelle qui aurait existé jusqu'au VIIIe siècle, a été dans ce cas, ce que personne, à ma connaissance, n'a encore remarqué. Quelques coups de pioche dans le terrain, aujourd'hui enclos, au milieu du bourg, vis-à-vis la fontaine, où fut trouvée la statue, et où cette chapelle dut être, exhumeraient sans doute du sol des vestiges romains, preuve palpable qui confirmerait mon assertion.

La fréquence de ce fait indique que le choix de ces emplacements pour des églises, a été intentionnel, et qu'un même motif a partout déterminé ce choix.

Le sentiment religieux a purifié ces lieux que le sentiment national avait en exécration.

Il est probable en conséquence que les vieilles chapelles qui existent, ont succédé à de plus anciennes.

Celles-ci auraient été construites alors que le sentiment national contre les Romains était encore vivace, et la signification des noms de lieux comprise.

Un certain nombre de chapelles édifiées sur des ruines romaines, sont dédiées à St Michel, vainqueur spécial du démon ; ainsi, celle qui surmonte le grand tumulus dit Mont Saint-Michel, en Carnac, au pied duquel on a mis à découvert, il y a quelques années, des substructions romaines ; celle de St-Michel, dans le bourg de Locmariaquer, bâtie, ce dont je me suis assuré exprès récemment, sur des décombres antiques remplis de briques romaines ; celle de Saint-Michel, en Saint-Avé, dont j'ai parlé ; celle de Locmiquel, en Baden, que j'ai mentionnée également, et dont la présence près *du Majol*, est significative. J'en pourrais citer d'autres.

Une intention particulière dans le choix de ce patron, paraît ressortir de ces rapprochements. Je l'exposerai lorsque je présenterai l'explication du nom *Er Majol*.

Les noms et les traditions de « Vieille chapelle, Vieille église, *Goc'h-Ilis,* » sont le plus souvent un indice de ruines d'habitations romaines.

Le peuple a pris souvent ces ruines romaines pour celles de chapelles dont on ne retrouve aucune trace, et qui très probablement n'ont jamais existé ; de là des noms et traditions de *Goc'h-Ilis.*

C'est le cas pour plusieurs lieux que j'ai indiqués, et de même pour les deux Goh-Ilis section H et section E en Plœmel, et Goh-Ilis près Kerfloc'h en Plaudren.

Le nom de *Er Bedeu,* des terres voisines du Goh-Ilis section H en Plœmel, dans lequel M. l'abbé Collet *(Les Goh-ilis, Congrès archéol. de France, à Vannes, en 1881)* (1), voit *les mondes,* nom que j'ai retrouvé, *Er Bédeu,* au bourg de Locmariaquer, dans des circonstances semblables, paraît signifier « *les fragments,* » c'est-à-dire les décombres, les ruines (romaines) ; toutefois une glose bretonne du manuscrit d'Orléans donne *bed,* tombeau, *tumuli,* et les champs nommés *Er Bédeu* pourraient bien être des lieux de sépultures romaines. Je soupçonne la *Fetan-Goh-Filius* où M. Collet (*ibid.*) croit voir une « antique fontaine du Fils de Dieu, du Sauveur du monde, » d'être bien plutôt celle de *filus,* dont le radical est *mil,* animal. J'expliquerai cela plus nettement ailleurs (2).

Je considère les *Goc'h-Ilis,* vieille église, comme étant souvent une altération d'un *Goc'h-Lis,* vieille cour, antérieur, et les *Goc'h-Lis* comme indiquant plus souvent des *villa* romaines, l. *aula,* que des manoirs du moyen-âge.

Ceux-ci sont plus ordinairement désignés dans notre pays par les noms français de *Cour, vieille Cour,* ou le terme breton *porc'h* de notre dialecte.

Les Templiers ou les *Moines rouges* ont établi souvent dans notre contrée des chapelles sur des ruines romaines ; mais la tradition attribue souvent aussi à des chapelles de *moines rouges* ou de Templiers des ruines qui sont purement romaines. La tradition de chapelle de Templiers, de *moines rouges,* peut par conséquent conduire à la découverte d'établissements romains.

J'ai à dessein porté mes recherches, dans un rayon peu étendu autour de Vannes, sur diverses communes de l'intérieur et du littoral, près d'une vingtaine, et sur une partie seulement de chacune d'elles ; leur étude n'est donc pas complète. On peut induire des résultats obtenus, qu'il y reste encore des trouvailles à faire.

Il est probable que les communes intermédiaires et les autres parties du pays, donneraient des résultats identiques.

Je connais par la Carte de notre contrée un grand nombre d'autres lieux, où je ne mets pas en doute qu'il y ait « *du romain* » non signalé ; mais je n'ai pu aller le constater sur place.

L'occupation du pays vénète par les Romains a dû être très nombreuse, car ils l'ont couvert de leurs habitations, même loin des centres importants.

(1) Mémoire attribué par erreur à M. l'abbé Mary.

(2) Dans *Bretons et Romains.*

Je crois probable et j'ai des raisons de penser, que les faits observés dans le Morbihan, ont eu leurs similaires dans toute la Bretagne.

Je serais heureux de trouver dans chaque commune du Morbihan et même des autres départements bretons, un correspondant qui prît intérêt à ces recherches, et qui voulût bien vérifier et contrôler sur place, dans son voisinage, les indications que je lui adresserais.

L'expression de ce désir est un appel.

Je prendrais à ma charge tous les frais de correspondance.

Vannes, août 1885.

ERNEST RIALAN.

Vannes. — Imprimerie E. LAFOLYE.

DU MÊME AUTEUR

A PARAITRE PROCHAINEMENT :

Signification des noms bretons des monuments mégalithiques et des tertres funéraires.

La Vieille Ahès, ou Bretons et Romains.

www.ingramcontent.com/pod-product-compliance
Ingram Content Group UK Ltd.
Pitfield, Milton Keynes, MK11 3LW, UK
UKHW022151170726
13837UKWH00004B/1929